Brigitte

RENATE HERZOG

Weihnachten

Mosaik
bei GOLDMANN

Brigitte

RENATE HERZOG

Weihnachten

GESCHICHTEN, DEKO-TIPPS, BACK-REZEPTE

UND BASTELANLEITUNGEN

FÜR DIE ADVENTS- UND WEIHNACHTSZEIT

Mosaik
bei GOLDMANN

Inhalt

22

Vorwort

Ob gläubig oder nicht – Weihnachten berührt jeden. Warum wir Christi Geburt ausgerechnet am 24. Dezember feiern, weiß heute niemand so genau. Denn sein Geburtstag wurde nachträglich festgelegt auf ein Datum, an dem in anderen Kulturen die Sonnenwende beziehungsweise die Geburt des Sonnengottes gefeiert wurde. So hat die christliche Kirche eine alte heidnische Tradition in Besitz genommen – und das »Heute ist uns der Heiland geboren« verband sich mit der Freude an Licht und Wärme zum Höhepunkt des Jahres.

Der Stern

Hätt einer auch fast mehr Verstand
Als wie die drei Weisen aus Morgenland,
Und ließe sich dünken, er wär wohl nie
Dem Sternlein nachgereist wie sie;
Dennoch, wenn nun das Weihnachtsfest
Sein Lichtlein wonniglich scheinen läßt,
Fällt auch auf sein verständig Gesicht,
Er mag es merken oder nicht,
Ein freundlicher Strahl
Des Wundersternes von dazumal.

Wilhelm Busch (1832–1908), aus »Morgen, Kinder, wird's was geben«, Aufbau-Verlag

Weihnachten, wie wir es heute feiern, ist ein schönes, aber auch risikoreiches Fest – Familienkrach, Erkältungskrankheiten, heftige und grundsätzliche Aussprachen, Gewichtszunahme, Gänsesterben, Gallenkoliken, Baumbrand und finanzieller Ruin nicht ausgeschlossen. Solches Ungemach führt nicht selten zum Jahresendzeit-Kater, und manche(r) schwört jedes Jahr aufs Neue: NIE WIEDER WEIHNACHTEN!
Das freilich muss man sich mal vorstellen: ein ganzer zäher Winter ohne Licht am Ende des Tunnels. Nach einem kühl-grauen Oktober zieht sich ein düsterer, nasser November lang wie Kaugummi und geht dann über in die trostlose Dunkelheit eines Dezembers, wo die Nacht schon am Nachmittag hochkriecht. Mit keinem anderen Ausblick als auf den extrem nüchternen, kalten Januar?
Aus gutem Grund haben unsere Ahnen hier ein Lichtfest eingebaut, das einerseits im Himmel und andererseits in der Hoffnung wurzelt, dass es wieder heller wird auf Erden. Mitten in der dunklen Jahreszeit leuchten Advent und Weihnachten mit ihren Traditionen, Geschichten, Liedern und unzähligen Lichtern.
Wahr ist aber auch: Weihnachten ist uns außer Kontrolle geraten. Wenn im September die ersten Anzeichen auftauchen, kann man das ja noch übersehen. Doch bereits ab Oktober beginnt der helle Wahnsinn: Konsumgüter wandeln sich zu Geschenkartikeln. Ganze Häuser verschwinden in leuchtendem Dekor, Leberwürste nehmen Engelsform an, und schließlich sind sogar Verkehrspolizisten als Weihnachtsmänner verkleidet.

Muss man da mitmachen? In diesem Buch erzählen viele Menschen, wie es ihnen gelungen ist, das Fest ohne Stress und Reue zu feiern. Einfach nur schön. Natürlich gehören Basteln, Dekorieren und Backen auch irgendwie dazu. Aber diese Vorbereitungen müssen keine ganzen Tage und Wochen in Anspruch nehmen. Und es braucht auch kein Fünf-Gänge-Menü am ersten Feiertag, damit die Kinder glücklich sind und von weit her angereiste Verwandte sich geliebt fühlen.
Deshalb habe ich vor allem solche Anleitungen, Rezepte und Tipps zusammengestellt, die schnell und unkompliziert nachzumachen sind. Dabei sieht alles einfach wunderbar aus, Essen und Gebäck werden köstlich schmecken, und Ihnen bleibt Zeit fürs Wesentliche: Weihnachten feiern.

Ein schönes Fest wünscht
Renate Herzog

1. ADVENT

Jetzt wird die Wohnung geschmückt

Für Kinder beginnt die Zeit der Vorfreude. Aber warum eigentlich nur für sie? Genießen Sie lange Dezemberabende und stimmen Sie sich ein auf ein schönes Fest.

INFO

Der Advent (lateinisch *Adventus* = Ankunft) wurde im Jahre 826 auf einem kirchlichen Konvent in Aachen eingeführt. Und das zunächst als Zeit der Buße – wie die Fastenzeit vor Ostern. Auf Büßer trifft man jetzt allerdings kaum noch. Aus dem Advent ist längst eine Zeit der Vorfreude und Gemütlichkeit geworden. Sie dauert mindestens vier Wochen. Es kommt allerdings vor, dass der vierte Advent mit Weihnachten zusammen- und damit ausfällt.

Zwei Dinge gehören zum Advent wie der Baum zu Weihnachten: der Adventskranz mit seinen vier Kerzen und der Adventskalender mit kleinen Geschenken. Beides soll die Erwartung bis zum Weihnachtsfest langsam, aber stetig steigern.

ÜPPIG ODER GANZ SCHLICHT:

Der Adventskranz

Der Urtyp des Kranzes ist ein rundes Tannengeflecht mit vier dicken roten Kerzen, das an breiten roten Bändern unter die Decke gehängt wird. Weil man da oben die Kerzen aber kaum sieht und sie außerdem runtertropfen, wenn Zugluft weht, liegt der Adventskranz heute meist auf dem Tisch.

Material dafür ist jedes haltbare Immergrün. Neben den Nadelbäumen kommen auch Mistelzweige, Buchsbaum, Koniferen, Olivenzweige oder eine Mischung aus allem in Frage. Am besten hält sich Nobilistanne – oder man nimmt gleich einen Dauerkranz aus Weidenruten und garniert ihn immer wieder neu. Grüne Kränze in verschiedenen Größen und Arten gibt's auf dem Markt oder in Blumenläden. Die kann man bei Bedarf noch mit abstechendem Grün oder mit Beeren verfeinern. Ins Grüne passen als Schmuck beispielsweise kleine rote Äpfel, Miniaturspielzeug, Strohsterne oder der typische bunte Blechschmuck aus Mexiko. Auch Tannenzapfen, Vögel (Baumschmuck) oder kleine echte Kiefernzapfen, die man färben bzw. vergolden kann, sehen gut aus. Rote Schleifen reichen auch!

INFO

»Erfinder« des Adventskranzes ist Johann Hinrich Wichern. Der evangelische Pastor hat Mitte des 19. Jahrhunderts in Hamburg »Das Rauhe Haus« für Waisenkinder gegründet. Für sie bestückte er einen sehr großen Kranz mit vier dicken, weißen Kerzen für die Adventssonntage und jeweils sechs kleinen, roten Kerzen für die Wochentage dazwischen. An jedem Vorweihnachtstag zündete er den Kindern ein weiteres Licht an. Am Heiligen Abend brannten dann alle 28 Kerzen. Der Original-Wichern-Kranz muss einen Durchmesser von mindestens 60 Zentimetern haben, damit die Kerzen nicht zu eng stehen und sich gegenseitig zum Schmelzen bringen. Nach dem Ersten Weltkrieg hat sich der Kranz in reduzierter Form auch im Süden Deutschlands verbreitet.

Wer seinen Kranz hoch aufhängt (ohne Kerzen), kann ihn mit Baumschmuck prachtvoll verzieren, also Kugeln in Schnüren vom Kranz herunterhängen lassen. Das gibt weihnachtlichen Glanz und kann sogar den Baum ersetzen, wenn man keinen (mehr) will.

Beliebt sind inzwischen auch Eisenständer unterschiedlichster Art, die mit Grün, Kerzen und Schmuck festlich herausgeputzt werden. Puristen, die aus Überzeugung auf Glitzer und Glanz verzichten, stellen vier dicke weiße Kerzen auf ein Tablett und flechten ganz magere schmucklose Kränzchen, Herzen oder Sterne, die ans Fenster gelehnt irgendwie rührend wirken. Die vier Kerzen können natürlich auch viererlei Farben haben.

KREATIVITÄT IST GEFRAGT:

Der Adventskalender

Beim Adventskalender reicht es heute nicht mehr, dass sich jeden Tag ein neues Türchen öffnen lässt. Wichtig ist täglich eine kleine Überraschung, die vor allem Kinder zum Aufstehen in der Dunkelheit beflügelt. Die schönsten Adventskalender, die ich kenne, sind selbst gemacht.

Zwei Freundinnen haben sich einen regelrechten Wettbewerb der originellen Einfälle geliefert.
Das fing in der Schulzeit an. Die beiden schenkten sich jedes Jahr einen selbst erdachten und gemachten Adventskalender. Mit der Zeit wurden die Kreationen immer merkwürdiger. Einmal gab es beispielsweise eine stattliche Puppe: Der Oberkörper war genäht und ausgestopft. Ab der Taille bauschte sich ein bunter Rock über einem halbrunden Lampenschirmgestell (Teepuppe nannte sich so was früher). Auf den Rock waren 24 nummerierte Taschen aufgenäht.
Im Gegenzug kam ein großer weiß lackierter Ast, auf dem Schmuckvögel saßen und an dem 24 rote Beutel hingen. Im folgenden Jahr hatte die eine Freundin aus 24 Streichholzschachteln eine kleine Kommode zusammengeklebt, die wegen der geringen Ausmaße nicht leicht zu füllen war. Die Antwort war ein Wandbehang: Ein etwa 60 x 80 cm großes rotes Stoffteil war an beiden Längsseiten etwa 20 cm nach innen eingeschlagen. Diese doppelten Ränder waren zu je 12 Fächern abgenäht, zur Mitte hin offen. Das fertige Werk war mit Stofffarben beziffert und bemalt. An der Wand sah es aus wie ein Bild. Ich erinnere mich außerdem an einen aus schwarzem Tuch genähten Sack, der mit dem typisch kindlichen Weihnachtssymbol bestickt war, einem Zweig mit einzeln aufgestickten Nadeln, darauf eine Kerze mit Flamme. In diesem Sack befanden sich 24 schwarze Säckchen, die einfach zu greifen waren, wie sie kamen. Dann waren da noch 24 bunte Taschentücher, zu Beutelchen zusammengerafft, die mit Wäscheklammern an einer Leine befestigt waren. Und mir ist ein Fall im Gedächtnis geblieben, wo die 24 Gaben wie Ostereier im Haus versteckt wurden und nach und nach gefunden werden wollten. Mit etwas Nachhilfe.
Es gab gefärbte Eierkartons mit Mini-Päckchen und eine Collage aus CD-Hüllen, einige mit CDs, andere mit Gutscheinen, Gedichten, Fotos entsprechend flach gefüllt. Gut gefiel mir ein aus Pappe gemachter und hübsch bemalter Adventskalender mit Fenstern und Türchen. Dahinter steckten Fotos, die für die Beschenkte einen besonderen Sinn hatten. Hochzufrieden war ein Freund der beiden, der einen Kasten mit 24 einzeln verpackten Flaschen Pils bekam. Das hatte einen geringen Überraschungseffekt, kam aber gut an.

TIPP

Als Behälter für kleine Überraschungen eignen sich Mini-Tragetüten, schöne Briefkuverts, zusammengenähte Beutel aus Schnupftüchern oder Stoffresten, kleine rot gestrichene Schachteln mit aufgeklebten Zahlen (Spielzeuggeschäft), ein Spielzeugzug mit 24 Waggons, 24 einfache Wassergläser im Regal, mit Seidenpapier ausgekleidet, oder ein Bäumchen mit 24 Mini-Körbchen.

GAR NICHT SO EINFACH:

24 Kleinigkeiten

Beim Füllen muss man aufpassen, denn die putzigen Kleinigkeiten für den Adventskalender können ganz schön ins Geld gehen. Hier ein paar Vorschläge:

Für Kinder eignen sich natürlich kleine Süßigkeiten aller Art, dazwischen mal ein Euro, Haarklammern, ein Mini-Rechner, Karten für einen Film, das Kindertheater oder einen Museumsbesuch, Legosteine, Accessoires für Puppen, Schwimmkerzen, Mini-Bärchen zum Anstecken, Stempel, Aufkleber, Magnete, Flickzeug fürs Fahrrad, Haarbänder, Kinderscheren, Stifte, kleineTaschenlampen.

Wer den Partner oder die Partnerin beschenken möchte, kann sich von der folgenden Geschichte inspirieren lassen:

Ein junges Paar hat beschlossen, sich gegenseitig einen Kalender zu schenken mit 25 Behältern. *Der letzte sollte größer sein als die anderen und das Weihnachtsgeschenk enthalten. Zu Weihnachten gab es sonst nichts. (Jeder weiß, dass ein wertvolles Geschenk unter Umständen in eine Streichholzschachtel passt.) Die beiden hatten ihren Spaß daran, für jeden Tag eine Überraschung zu finden, die den anderen mitten ins Herz traf. Das konnte eine CD sein, eine Konzert- oder Kinokarte, eine Essenseinladung, ein besonderes Foto, ein kleiner Liebesbrief, ein Zeitungs-Abo. Kurzum, sie mussten sich konzentrieren und viele Wege gehen. Am Ende gab's für sie ein Paar wunderschöne Ohrringe, für ihn eine besondere alte Armbanduhr, beides liebevoll verpackt.*

24
23
22
21
20
19
17

Hochsaison für Kerzen

Advent und Weihnachten ohne Kerzenlicht? Undenkbar! Erfinder der Kerzen waren die alten Römer. Leider kann die stimmungsvolle Beleuchtung auch unangenehme Nebenwirkungen bringen wie beispielsweise Ruß und Flecken. Damit Ihnen das nicht passiert, hier erst einmal ein bisschen »Kerzenkunde«:

Grundbestandteile von **Kerzen** sind Wachs, Ceresin, Paraffin und Stearin. Das Wachs liefern die Bienen; Paraffin und das Härtungsmittel Ceresin werden aus Erdöl gewonnen; Stearin besteht aus organischen Ölen. Die besten – allerdings auch teuersten – Kerzen sind aus reinem Stearin oder Bienenwachs.

Stearinkerzen brennen mit großer, ruhiger Flamme, sie rußen und verbiegen sich nicht. Noch ein Vorzug: Bei Stearin liegen Brenn- und Schmelzpunkt nah beieinander. Deshalb wird flüssiges Wachs sofort verbrannt, und es entstehen keine Wachspfützen am Docht.

Bei **Kerzen aus Paraffin** bzw. einer Mischung mit Paraffin kommt es auf die Reinheit des Erdölprodukts an. Da Kerzen ziemlich gleich aussehen und in der Regel auch ohne Markenzeichen verkauft werden, kann man die Qualität allenfalls am Preis ablesen. Oder man kauft erst einmal nur jeweils eine Kerze verschiedener Preislagen und probiert aus.

Der Hinweis **»tropffrei«** auf der Packung ist keine Garantie, denn unter bestimmten Umständen tropfen alle Kerzen – und das ist zumindest bei Tischleuchtern oder Lüstern und am Tannenbaum unangenehm oder sogar gefährlich. Wichtig ist deshalb, dass Kerzen immer gerade und auf einer Unterlage stehen, nicht in aufsteigender warmer Luft (etwa über dem TV-Gerät) und auf keinen Fall in Zugluft.

TIPP

Für Tisch- und Kronleuchter gibt es von der schwedischen Firma Lilljeholmen Spezialkerzen, bei denen das flüssige Wachs durch feine Kanäle in der Kerze abfließt. Deshalb sind diese Kerzen ziemlich tropfsicher, brennen aber auch schneller ab. (Im Branchenbuch unter »Kerzen« nachsehen und/oder im Handel nachfragen.)

SMOKERS

Damit Kerzen **gerade und fest stehen** wie Zinnsoldaten, sollten Kerze und Halter genau zueinander passen. Ist das nicht der Fall, kann man nachhelfen: In Drogeriemärkten gibt es Klebeplättchen, die Kerzen im Halter festhalten. In Spezialgeschäften findet man für diesen Zweck auch kleine Rosetten. Wenn Kerzen zu dick für einen Halter sind, lassen sie sich anspitzen (Spitzer im Drogeriemarkt). Gut funktioniert auch diese einfache Methode: Kerzenende in sehr heißes Wasser halten und in den Halter drücken, solange das Wachs noch weich ist. Für den Christbaum eignen sich am besten Kerzenhalter mit Gelenk, in denen die Kerzen auch auf schrägen Zweigen aufrecht stehen.

Kerzendochte sind geflochtene Baumwollfäden, deren Dicke im richtigen Verhältnis zur Kerze stehen muss. Ist der Docht zu dick, rußt er; bei einem zu dünnen Docht erlischt die Flamme. Beim Anzünden sollte der Docht nicht länger sein als acht Millimeter.
Nach dem Löschen der Flamme den Docht mit einem Streichholz in das flüssige Wachs tauchen und dann wieder aufrichten, dann lässt er sich beim nächsten Mal besser anzünden.
Verrußte Dochtspitzen abschneiden und keine abgebrannten Streichholzreste im Wachs liegen lassen, denn solche Reste rußen beim Verbrennen.

Dicke Kerzen verbrennen oft nur innen. Damit das nicht passiert, muss man sie jeweils so lange brennen lassen, bis der ganze Teller oben (die so genannte Flammschale) flüssig ist. Bei einer acht Zentimeter dicken Kerze dauert das etwa sechs Stunden.

Wachsflecken sind gemein. Ganz besonders, wenn sie farbig oder gar dunkel sind. Dass Vorbeugen das beste Rezept ist, versteht sich von selbst. Aber ganz verschont bleibt man selten. Empfindliche Sachen in die Reinigung bringen. Sonst mit Bügeleisen und stark saugendem Papier das Wachs aufnehmen und den Fleck danach mehrmals mit reinem Spiritus behandeln.

ACHTUNG

Jeder weiß, dass bei Kerzen Vorsicht angebracht ist. Und doch gibt es jedes Jahr die weihnachtlichen Zimmerbrände. Deshalb hier noch einmal: Kerzen ohne Halter immer auf eine nicht brennbare Unterlage stellen. Brennende Kerzen nie unbeaufsichtigt lassen!

Punsch wärmt Leib und Seele

Ein Spaziergang vertreibt den Winter-Blues. Zu Hause gönnt man sich dann heißen Punsch, eine der Freuden des Advents. Bewährte Rezepte:

Glögg (Heißer Glühwein)

Für 10 Portionen

1 l trockener Rotwein,
1 l Weißwein (z. B.: Muskateller),
1/2 l Weinbrand,
2 EL Angostura,
1 Päckchen Orangenschalen-Aroma,
3 Kardamomkapseln,
1 Stange Zimt,
3 Nelken,
Ingwerpulver,
je 100 g abgezogene Mandeln und gewaschene Rosinen

- Alle Zutaten (außer Mandeln und Rosinen) in einen großen Kochtopf geben und bei kleiner Hitze zum Kochen bringen. Sofort vom Feuer nehmen und in Gläser füllen. Mandeln und Rosinen einstreuen.

Mokkapunsch

Für 1 Glas

1 EL Mandellikör,
1 EL Orangenlikör,
1 EL Brandy,
1 Tasse Mokka,
2 EL Zucker,
1 EL geschlagene Sahne,
Schokoraspel

- Liköre und Brandy in ein feuerfestes Glas füllen und über einem Teelicht erwärmen. Heißen, gesüßten Mokka zugeben und mit einer Sahnehaube bedecken. Mit Schokoraspeln bestreuen.

Eierpunsch

Für 3 Portionen

50 g Zucker,
abgeriebene Schale 1 unbehandelte Orange,
100 ml Eierlikör,
4 Eigelb

1. 175 Milliliter Wasser mit Zucker und Orangenschale in einen Topf geben, zum Kochen bringen und so lange kochen, bis sich der Zucker aufgelöst hat. Etwas abkühlen lassen.
2. Eierlikör unterrühren. Eigelbe schaumig schlagen und unter ständigem Rühren in die nicht mehr kochende Flüssigkeit geben. Auf die warme Herdplatte stellen und den Punsch mit dem Schneebesen kräftig schlagen, bis er aufsteigt und schaumig wird (er darf aber nicht kochen!).

MIT KINDERN:

Eine Krippe mauern

Zusammen mit den Eltern eine Krippe mauern, dazu die heilige Familie, die drei Weisen, Engel und Tiere aus Ton kneten – das bringt einen Riesenspaß, sagen die Hersteller dieser urigen Krippe. Aber: Maurerarbeiten machen auch Dreck. Also den Arbeitsplatz samt Umgebung weiträumig abdecken. Wichtig für den Zeitplan: Tonfiguren brauchen rund drei Tage, bis sie bemalt werden können.

Das wird gebraucht:

- passende Steine (nicht zu groß!) und Stöcke (draußen sammeln),
- Töpferton zum Modellieren aus dem Bastelladen oder Töpfereibedarf (Branchenbuch),
- Quick-Zement zum Mauern (aus dem Baumarkt),
- Plakafarben (auch Gold) zum Bemalen der Figuren,
- einen Maurerspachtel aus Gummi,
- etwas Sand,
- ein altes Tablett,
- ein altes Brett,
- Alufolie

Unbedingt vorher auskundschaften, wo man Tonfiguren kurzfristig brennen lassen kann! Läden, die Ton verkaufen, wissen das in der Regel.

Außerdem wichtig: »Ich habe mir vorher eine Zeichnung gemacht«, sagt BRIGITTE-Mitarbeiterin Heidrun Perdikas, die diese Krippe entworfen hat. »Damit man die geplanten Mauermaße einhalten kann, füllt man das alte Tablett mit einer Sandschicht und legt die Steine in diesem Sandbett passend und maßgerecht zusammen.«
Danach wird das Brett mit Alufolie bedeckt und darauf eine Mauer nach der anderen liegend mit Quick-Zement gemauert.
Das geht so:

1 Steinreihe um Steinreihe in dick aufgetragenen Zement drücken.

2 Wenn die drei Krippenmauern trocken und fest sind, aufstellen und an den beiden Ecken mit Zementbrei verbinden. Eventuell auch die beiden offenen Kanten vorne mit Zement festigen.

3 Das Dach wird aus Stöcken mit winzigen Nägeln zusammengezimmert. Einfache Alternative: Die Mauern mit Querstöcken abdecken.

ACHTUNG

Quick-Zement bindet schnell ab! Man darf deshalb immer nur kleine Portionen dick anrühren.

Figuren aus Ton kann keiner so witzig und charaktervoll formen wie Kinder. Die Großen sollten nur darauf achten, dass die Menschen und Tiere an keiner Stelle zu dünn geraten – sie brechen dann leicht. Die Einzelteile – Kopf, Rumpf, Arme – müssen sehr sorgsam mit angerührtem Tonbrei verbunden werden, damit sie nicht nach dem Brennen auseinander brechen. Dafür die Teile, die man zusammensetzen will, mit Tonbrei bestreichen, aneinander drücken und die Klebestellen gut mit Ton verstreichen.
Nach dem Brennen sind die Figuren hart. Sie werden angemalt und bekommen Hüte, Bärte, Haare, Turban und Krone aus Stoff, Watte und Goldpapier angeklebt.

NIKOLAUS

Schuhe vor die Tür!

Ein Mann mit dubioser Adresse, ohne plausible Quelle, aus der er seinen beträchtlichen Reichtum schöpft, *steigt nach Mitternacht, wenn anständige gesetzestreue Bürger mollig in ihren Betten liegen, durch den Schornstein ein – wenn das kein Grund zur Besorgnis ist!*

Der amerikanische Autor John Updike (geb. 1932) in »Die zwölf Schrecken der Weihnacht« (veröffentlicht in »Das schöne schräge Weihnachtsbuch«, Heyne)

Gaben zu bringen, brave Kinder heimlich zu beschenken, das war lange das Monopol des heiligen Nikolaus. Mit der Reformation im 16. Jahrhundert wurden die Heiligen von den Protestanten abgeschafft. Christkind und Weihnachtsmann bürgerten sich ein, und seitdem ist Weihnachten das Hauptfest der Gaben. Der Weihnachtsmann ist eine Art säkularisierter (verweltlichter) Verwandter des Nikolaus, und ähnelte zunächst dem Bild, das man sich damals von Gottvater machte. Seine Nachkommen dagegen haben nichts Überirdisches mehr. Die epidemie-artig auftretenden heutigen Weihnachtsmänner, die an riesige Gartenzwerge erinnern, sind eher Ulknummern.

INFO

Nikolaus gehört im Christentum, vor allem in der orthodoxen Kirche, zu den beliebtesten Heiligen. Als wahrscheinlich gilt, dass er um 270 n. Chr. in der Hafenstadt Pakara in Lykien (heute Anatolien) geboren wurde und dass er als Bischof von Myra (heute Demte, Türkei) wegen seiner Güte und seiner Wundertaten in der ganzen Christenwelt berühmt wurde. Der Legende nach warf er beispielsweise einem armen Edelmann nachts heimlich Goldklumpen ins Fenster – als Mitgift für dessen Töchter, denn ohne Mitgift kein Mann! Er sorgte für Hungernde, rettete Kinder, besänftigte das Meer und beschützte speziell Schüler und Studenten. Deshalb ist der heilige Nikolaus weltweit zigfacher Schutzpatron, hat also eine Art himmlischen Aufsichtsratsposten.

Rein äußerlich sind Nikolaus und Weihnachtsmann heute fast identisch. Die rotweiße Kleidung hat nichts mit christlicher Tradition zu tun: 1931 wurde Nikolaus zum Patron von Coca-Cola ernannt und für die Werbekampagne passend eingekleidet. Das ist bis heute an ihm hängen geblieben. Der Werbezeichner gab ihm sein eigenes Gesicht. Er könnte ein gutmütiger Rotweintrinker gewesen sein.
Je nach Land und Region haben Nikolaus und Weihnachtsmann unterschiedliche Namen, von denen die meisten aber sprachlich miteinander verwandt sind, so beispielsweise: Zinterklos (Niederrhein), Sünnerklaas (Ostfriesland), Santiklaus (Schwaben), Klawes (Hannover), Sinter Klaas (Holland), Santa Claus oder Father Christmas (angelsächsische Länder). In Pennsylvanien (USA) müssen die heiligen Männer sich Kriss-Kringle nennen lassen. Dieser bemerkenswerte Name geht auf ein Missverständnis zurück; Kriss-Kringle ist eine Verballhornung von »Christkind«. Das Christkind wiederum ist nicht, wie die meisten glauben, der neugeborene Jesus in der Krippe, sondern stammt vielmehr »aus Weihnachtsumzügen und Krippenspielen, wobei engelhafte Gestalten von einem ‚Christkind' angeführt wurden«, so der Ethnologe Dr. Rüdiger Vossen.
Bei Knecht Ruprecht, dem Kinderschreck mit Sack und Rute, ist die Herkunft nicht genau bekannt. Man nimmt an, dass Ruprecht der Schar germanischer »dunkler Geister« entstammt und aus pädagogischen Gründen dem Nikolaus als Begleiter mitgegeben wurde. Der eine lobte und belohnte, der andere drohte und bestrafte. Andere sagen: Als Gegenpol zu all dem heiligen, guten Personal der Weihnachtszeit sollte Knecht Ruprecht beziehungsweise der Krampus, wie er in Österreich heißt, den Teufel versinnbildlichen.

Als Gabenbringer hat der Nikolaus heute eine eher untergeordnete Rolle – zeitlich begrenzt auf den 5. und 6. Dezember. Die großen Geschenke bringt der Weihnachtsmann. Nikolaus kommt nachts, heimlich, gern durch den Kamin, und füllt Strümpfe oder Schuhe.

Von drauß vom Walde komm ich her;
Ich muß Euch sagen, es weihnachtet sehr!
Allüberall auf den Tannenspitzen
Sah ich goldene Lichtlein sitzen;
Und droben aus dem Himmelstor
Sah mit großen Augen das Christkind hervor,
Und wie ich so strolcht durch den finsteren Tann,
Da rief's mich mit heller Stimme an.
»Knecht Ruprecht«, rief es, »alter Gesell,
Hebe die Beine und spute dich schnell!
Die Kerzen fangen zu brennen an,
Das Himmelstor ist aufgetan.«

Theodor Storm (1817–1888), aus Storm, »Sämtliche Werke und ein Registerband«, hrsg. von Georg Willhelm Friedrich Hegel und Eva Moldenhauer, Suhrkamp

Kluge Kinder stellen dem Nikolaus das größte Paar Schuhe zum Füllen hin. Kluge Eltern verlangen als Gegenleistung, dass dieses Paar dann auch blitzblank geputzt wird.
So macht es eine Mutter von drei Kindern, die diesen Brauch aus ihrer eigenen Kindheit kennt: »Wir suchen uns jeder ein Paar Schuhe aus und putzen gemeinsam. Dabei hören wir den Song ‚Einmal im Jahr wird die Schuhcreme benutzt und das größte Paar Stiefel blank geputzt' von Rolf Zuckowski. Und wenn wir schon dabei sind, putzen wir danach gleich auch alle anderen Schuhe der Familie.« Eine pädagogisch wertvolle Idee.

Viele Nikoläuse treten auch persönlich auf und werden von den Kindern oft blitzschnell als Onkel oder Nachbar entlarvt.

Eine Familie mit drei Kindern veranstaltet jedes Jahr mit ungefähr zehn Freundes-Kindern und ihren Eltern eine Nikolausparty,
und jedes Jahr kommt derselbe Nikolaus, groß, stattlich, mit einer sonoren Stimme. Ein Freund der Familie. Chiara, mit fünf Jahren die älteste der Kinder, hatte urplötzlich erkannt, dass sich hinter Kapuze und weißem Bart jemand verbarg, den sie in ganz anderen Rollen kannte. »Aber Peter muss ja dem Nikolaus helfen«, beruhigte sie sich selbst. »Der schafft das doch sonst nicht alles.« Den Kinderglauben zu verlieren, ist bitter. Chiara will noch nicht aufgeben.

Wenn der Nikolaus kommt, ist das für die Kinder von heute allemal ein Grund zur Freude. Sie wissen, die bärtigen Männer mit den tiefen Stimmen sind harmlos und haben zudem Geschenke dabei. Drohen und grollen würde keiner von ihnen. Ich habe das noch ganz anders erlebt.

Es muss wohl gewichtige pädagogische Gründe gehabt haben, dass meine Eltern eines Jahres den Nikolaus einluden, persönlich vorbeizukommen.
Dass man einen Himmlischen ins Haus bitten konnte, erfüllte mich und vermutlich auch meine Geschwister mit einem Schauder wie nie im Leben. Der heilige Mann kam unter Schellengeläut und harschem Türklopfen als Bischof mit

weißem Gewand, mit hoher Mitra, langem Bart und dem Bischofstab. Er wirkte streng und von himmlischer Autorität. Vor allem aber hatte er seinen Knecht mitgebracht, der schwarz und irgendwie gefährlich aussah. Mir versagte die Stimme, als ich dem Paar ein Gedicht aufsagen sollte, und ich weiß heute noch, dass ich um mein Leben gebangt habe. So was wollte ich später meinen Kindern nie antun! Ob die Wirkung des Schocks anhielt, weiß ich nicht. Ich kann mich nur noch daran erinnern, dass ich mich als Kind in der Weihnachtszeit immer gefragt habe, warum die Erwachsenen so gelassen blieben, wenn Engel und andere himmlische Gestalten sich zu uns herabbegaben. Als ob das alltäglich wäre!

Ab etwa 50 Euro aufwärts kann man über die Studenten-Jobvermittlung einen Nikolaus »buchen«. Im Angebot für diese Rolle oder als Begleiter sind auch Engel. Solche Engagements sind unter Studentinnen und Studenten beliebt, denn bei guter Planung kann man an einem Abend bis zu 400 Euro damit verdienen.
Bevor die Miet-Nikoläuse losziehen, wird streng kontrolliert, ob ihr Outfit in Ordnung und glaubwürdig ist – sie sollen ausdrücklich keine Illusion zerstören. Verboten sind beispielsweise Turnschuhe, Jeans und Handys, weil kein noch so gläubiges Kind einem Himmlischen solche Requisiten abnimmt.
Auf heikle Kinderfragen wie
Wo kommst du her?
Wo ist dein Schlitten?
Wie schaffst du das, alle Kinder an einem Tag zu besuchen?
Wie ist es im Himmel?
muss ein Nikolaus gefasst sein und sich schon vorher Gedanken über seine Rolle gemacht haben. Und er muss um jeden Preis versuchen, echt zu wirken. Denn Kinder wollen glauben, so lange sie das irgend schaffen.

Bei dem kleinen Florian ging der Glaube an den Nikolaus so weit, *dass er bei einer Ansprache des Papstes im Fernsehen plötzlich rief: »Schau mal, da ist der Nikolaus«, obwohl der Papst weder einen weißen Vollbart hatte noch im roten Mantel auftrat. Doch er trug eine Bischofsmütze, wie Florian sie in einem Bilderbuch gesehen hatte.*

Der Bischof trägt jetzt rosa

Sind Schokoladenweihnachtsmänner modebewusst? Und warum sehen sie beispielsweise in Holland oder in den USA anders aus als bei uns? Uta Bangert, Redakteurin bei BRIGITTE online, wollte das genauer wissen – und hat einen Designer für Schokoladenfiguren besucht.

Was für ein Empfang: Kaum ist man in seinem Büro, lächeln einem Hunderte freundliche Augen entgegen. Die netten Kollegen drängeln sich auf den Regalen an den Wänden, stapeln sich sogar bis unter die Decke. Weihnachtsmänner und Osterhasen, Schneemänner und Schornsteinfeger, Enten und Glückskäfer glänzen und grinsen um die Wette, schimmern in allen Farben und schauen einen mit großen lieben Augen an. Als wären Weihnachten, Nikolaus und Ostern auf einen Tag gefallen, steht in diesem Raum die ganze Welt der Schokoladenfiguren versammelt. Willkommen im Reich von Dick Langenbahn.
Wer glaubt, er bekäme von diesem mindestens ebenso nett lächelnden Herrn jetzt gleich etwas zum Naschen angeboten, irrt. Die bunten Figuren sind nämlich gar nicht aus Schokolade, sondern – gänzlich ohne Verfallsdatum – aus Gips. Schließlich arbeitet der gebürtige Amerikaner nicht in einer Schokoladenfabrik, sondern als Grafiker bei »Haendler und Natermann« im niedersächsischen Hannoversch Münden – einem Unternehmen, das weltweit Verpackungen für Lebensmittel herstellt. Hier werden auch die dünnen Aluminiumfolien bedruckt, in die später Weihnachtsmann & Co. gewickelt werden.

Maßarbeit am neuen Dress

Langenbahn ist für das Design der schicken Foliengewänder zuständig. Und weil die im Fachjargon nüchtern »Schokoladenhohlkörper« genannten Leckereien verpackungstechnisch gesehen eine ziemliche Herausforderung darstellen, werden alle Entwürfe in akribischer Handarbeit am Gipsmodell entwickelt. So kriegt jeder Weihnachtsmann mit Schere und Pinsel, Folie und Farbe sein Kostüm passgenau auf den Leib geschneidert und gemalt.
In einer Branche, die mittlerweile fast komplett vom Computer beherrscht wird, »fühle ich mich manchmal schon wie der letzte Mohikaner«, sagt der 59-Jährige. Aber dafür ist er auch ein Unikum und der Liebling im Betrieb.
Bei rund 200 Aufträgen pro Jahr und drei Jahrzehnten im Job lässt sich Langenbahns Figurenkabinett also leicht erklären. Da hat sich ganz schön was angesammelt. »Aber«, sagt er stolz, »was hier steht, ist ja nur ein Bruchteil meiner Sammlung. Wäre alles aufgestellt, du würdest die Tür überhaupt nicht mehr aufbekommen.«

Weihnachtsfiguren im Vergleich

Selbstverständlich ist Weihnachtsmann nicht gleich Weihnachtsmann – die internationale Kundschaft hegt da schon ihre ganz speziellen Präferenzen: In Frankreich beispielsweise bevorzugt Papa Noël die schlichte Eleganz, mag Bronze oder den dezenten Kupferton. »In den USA geht der Trend gerade wieder in Richtung Nostalgie, mit viel Gold, Rot und tiefen Brauntönen«, sagt Langenbahn.
Die Holländer dagegen mögen lieber ihren Mohren aus der Weihnachtsgeschichte. Und in Österreich wird der böse Krampus gern gegessen – eine Art Teufel, der den Nikolaus begleitet, um böse Menschen zu bestrafen. Vor allem aber der rosa Bischof ist ganz nach Langenbahns Geschmack.

»So was könntest du hier nicht machen, die Deutschen wollen das einfach nicht«, sagt Langenbahn über seinen australischen Weihnachtsmann. Der ist zwar der kleinste in der Runde – beim Weihnachtsfest »Down Under« sind größere Figuren wegen der Sommerhitze nicht angebracht –, aber dafür ist er am auffälligsten gekleidet: Mit dem gelben Mantel und dem blauen Muster ist er eindeutig ein Exot.

In Osteuropa, Polen, Tschechien oder Ungarn darf der Weihnachtsmann ordentlich strahlen, mit leuchtenden, großen Augen und breitem Mund. Kommentar vom Experten: »Dagegen wirken die deutschen Weihnachtsmänner doch wie tot.«

Ja, der deutsche Weihnachtsmann, der macht Dick Langenbahn zwar am wenigsten Arbeit, aber auch nicht so viel Spaß, »weil er sich kaum verändert hat«. Die Form wurde im Laufe der Zeit nur wenig variiert, durfte dank moderner Drucktechnik detailreicher werden, aber im Grunde ist er geblieben, wie er immer war: roter Mantel, weißer Rauschebart und artig Geschenke im Jutesack. »Sonst kommt er nicht an, wird einfach nicht gekauft«, sagt er beinahe resigniert über den Modemuffel. Dürfte der Designer, wie er wollte, der deutsche Schokomann kriegte von ihm ein völlig anderes Outfit verpasst. Aber hierzulande zählt halt nur Tradition. »Letztes oder vorletztes Jahr hat jemand gewagt, ein Weihnachtsgirl und einen -boy mit entblößter Brust anzubieten – die findest du dieses Jahr nicht wieder im Regal. Aber in den USA sind die abgegangen wie eine Rakete.«

Vom Modell zur Meterware

Zwei bis drei Monate dauert im Durchschnitt die Entwicklung einer Folie, bis die neue Kollektion – nach allen Korrekturen und Probedrucken – beim Kunden als Meterware abgeliefert wird. Eingepackt werden die Figuren dann in der Schokoladenfabrik. Immerhin, dass so eine empfindliche, nur ein paar tausendstel Millimeter dünne Folie automatisch und passgenau auf eine zerbrechliche Schokofigur gebracht werden kann, darf man schon ein Meisterwerk der Maschinenbaukunst nennen. »Das geht heute zack, zack, klack«, sagt Langenbahn und gestikuliert kräftig mit den Armen, »und schon hast du die fertig eingewickelte Figur.« Oder jedenfalls so ähnlich.
Viel Zeit, ihre neue Haut zu Markte zu tragen, haben die Weihnachtsmänner später ohnehin nicht. Und stehen sie erst mal unterm Weihnachtsbaum, bleibt am Ende von all der Arbeit kaum mehr übrig als ein paar Fetzen gierig heruntergerissener Müll. Zuletzt zählt eben doch nur der süße Inhalt. Und Hauptsache, der schmeckt.

MIT KINDERN:

Weihnachtsmänner basteln

Kinder haben eine sehr bestimmte Vorstellung davon, wie der Weihnachtsmann aussieht: natürlich rot mit Zipfelmütze, Stiefeln und langem Bart. Unterschiede gibt es nur bei den Transportmitteln: Manche werden von einem Rentierschlitten im Galopp gezogen, andere müssen die Geschenke im Sack oder Rucksack selber schleppen. Und wo Wasser zu überwinden ist, da steht natürlich ein Boot zur Verfügung. Mit mehreren Kindern Weihnachtsmänner zu basteln, ist lehrreich, weil man dabei eine Menge Mutmaßungen über die Verhältnisse im Himmel zu hören bekommt.

Am einfachsten ist: Vorzeichnen auf Balsaholz (erhältlich in Baumärkten wie beispielsweise »Obi«), mit der Laubsäge aussägen und dann anmalen oder umgekehrt die fertigen Gemälde aussägen. Wichtig: Lassen Sie die Kinder allein malen – sie haben viel mehr Fantasie und originellere Ideen als wir Erwachsenen! »Korrigieren sollte man nur dann, wenn die Figur zu klein gerät oder Umrisse zum Aussägen vereinfacht werden müssen«, sagt Katrin Begemann, die in Hamburg seit vielen Jahren eine Malschule für Kinder betreibt.

Die roten Bartträger werden an Geschenke oder an den Baum gehängt. Wenn sie stehen sollen, muss man ihnen Stand geben. So geht's am besten: Zwei Vierkantleisten, so lang, wie Mantel oder Füße breit sind, von beiden Seiten gegenkleben und so die Figur festhalten. Oder man stabilisiert die Füße mit einer Stütze aus härtender Knetmasse (z. B. Fimo).

2. ADVENT

Kekse! Kekse! Kekse!

»Was, ihr backt noch?«, fragen Freunde. »Also, die paar Süßigkeiten, die heute gegessen werden – das lohnt sich doch gar nicht.« »Und ob sich das lohnt!«, sage ich. Der Spaß, den Kinder beim Backen haben, der weihnachtstypische Duft, das Vorkosten – all das ist einmalig! Keine gekaufte Süßigkeit der Welt kann selbst gebackene Plätzchen ersetzen. Sie schmecken einfach besser, und deshalb erleben nur wenige von ihnen das neue Jahr. Sind die eigenen Vorräte aufgebraucht, wird bei Verwandten und Freunden geschnorrt, die noch welche haben. Aber das Fett, die Kalorien? Vergessen Sie's. Es ist Weihnachtszeit, jetzt wird gesündigt.

Elisenlebkuchen

Da sind mehr Nüsse und Mandeln als Mehl im Teig.

Für ca. 140 Stück

400 g Zucker,
2 Eier,
4 Eiweiß,
125 g Honig,
je 100 g Zitronat und Orangeat,
350 g Mehl,
200 g gemahlene Haselnüsse,
250 g gemahlene Mandeln,
1 Teelöffelspitze Nelkenpulver,
abgeriebene Schale
von 1 unbehandelten Zitrone,
1 TL Hirschhornsalz,
140 Backoblaten (Ø 5 cm),
300 g Vollmilch-Kuvertüre;
Mandelsplitter,
abgezogene Mandeln und kandierte
Veilchen zum Verzieren

1. Zucker, Eier und Eiweiß mit den Quirlen des Handrührers schaumig schlagen. Honig, Zitronat und Orangeat unterrühren. Mehl, gemahlene Nüsse und Mandeln, Nelkenpulver und Zitronenschale nach und nach unterrühren.
2. Hirschhornsalz mit einem Esslöffel Wasser verrühren und mit dem Teig gut verkneten.
3. Jeweils einen Teelöffel Lebkuchenteig auf eine Oblate geben und auf ein mit Backpapier belegtes Backblech setzen. Im vorgeheizten Backofen bei 150 Grad, Umluft 130 Grad, Gas Stufe 1 etwa 20 bis 25 Minuten backen (die Elisenlebkuchen müssen innen noch feucht sein).
4. Kuvertüre grob hacken und über dem heißen Wasserbad langsam schmelzen. Lebkuchen mit der Schokolade bestreichen. Mit Mandelsplittern, halbierten Mandeln und kandierten Veilchen verzieren.

Erdnuss-Hafer-Plätzchen

Lecker ist auch die
Variante für Diabetiker

Für ca. 55 Stück

125 g weiche Butter,
75 g brauner Zucker,
1 Vanilleschote,
125 g kernige Haferflocken,
75 g Weizen-Vollkornmehl,
1 TL Backpulver,
100 g ungesalzene Erdnusskerne

1. Butter, Zucker und das ausgekratzte Vanillemark mit den Quirlen des Handrührers cremig schlagen. Haferflocken, Mehl und Backpulver unterrühren. Erdnusskerne mit einem Teigschaber unterheben.
2. Mit zwei Teelöffeln kleine Teighäufchen auf mit Backpapier ausgelegte Backbleche geben und im vorgeheizten Backofen bei 175 Grad, Umluft 150 Grad, Gas Stufe 2 etwa 10 bis 15 Minuten backen.
3. Auf einem Kuchengitter erkalten lassen und in einer Dose fest verschlossen aufheben.

Für **Diabetiker** den Zucker weglassen und dafür 75 Gramm Fruchtzucker und 50 Gramm Diabetiker-Süße nehmen. Die Backzeit beträgt etwa 18 Minuten. Die Kekse sind allerdings nicht ganz so knusprig, weil der Fruchtzucker sofort Luftfeuchtigkeit anzieht. Wenn Sie sie in einer Dose aufheben, eventuell vor dem Servieren bei 175 Grad, Umluft 150 Grad, Gas Stufe 2 fünf Minuten aufbacken. Ergibt etwa 40 Stück.

Schokoladen-Brownies

Im Trend und ganz schnell zusammengerührt.

Für ca. 35 Stück

250 g weiche Butter oder Margarine,
200–250 g Zucker,
6 Eier,
200 g Zartbitter-Schokolade,
250 g gemahlene Mandeln,
150 g Mehl,
1 Päckchen Backpulver,
2 EL Kakaopulver,
50 g Kürbiskerne

1. Fett und Zucker mit den Quirlen des Handrührers cremig schlagen. Die Eier nacheinander unterrühren. Schokolade hacken und mit Mandeln, Mehl, Backpulver und Kakao mischen.
2. Schoko-Mehl-Mischung unter den Teig rühren und in eine mit Backpapier ausgelegte Form (30 x 22 cm) geben. Die Kürbiskerne darüber streuen und den Kuchen im vorgeheizten Backofen bei 180 Grad, Umluft 160 Grad, Gas Stufe 2–3 etwa eine Stunde backen; eventuell nach der Hälfte der Zeit mit Butterbrotpapier abdecken.
3. Brownies erkalten lassen und in Stücke schneiden.

TIPP

Wer keine Form in passender Größe hat, kann ein Backblech zur Hälfte mit einem Streifen Alufolie begrenzen und den Teig für die Brownies auf dem halben Blech backen.

Sterntaler

Wunderbar geeignet zum Backen mit Kindern, aber auch Erwachsene lieben sie.

Für ca. 80 Stück

Teig

250 g Mehl,
50 g Zucker,
1 Päckchen Vanillezucker,
100 g Marzipan-Rohmasse,
150 g Butter oder Margarine,
1 Eigelb,
Mehl zum Ausrollen;

zum Bestreichen

1 Eigelb,
2 EL Schlagsahne;

Guss

200 g Puderzucker,
2–3 EL Zitronensaft;

zum Verzieren

Zuckerperlen, Pistazien, Kokosflocken u. a.

1 **Für den Teig** Mehl, Zucker, Vanillezucker, Marzipan-Rohmasse, Fett und Eigelb zu einem glatten Teig verkneten. Abgedeckt für mindestens 30 Minuten kalt stellen.

2 Teig auf wenig Mehl etwa drei Millimeter dünn ausrollen und Sterne oder andere Figuren daraus ausstechen. Plätzchen auf ein mit Backpapier ausgelegtes Backblech legen. Eigelb und Sahne verquirlen. Plätzchen dünn damit bestreichen. In dem auf 180 Grad, Umluft 160 Grad, Gas Stufe 2–3 vorgeheizten Backofen etwa zehn bis zwölf Minuten backen. Auskühlen lassen.

3 **Für den Guss** Puderzucker und Zitronensaft glatt rühren. Plätzchen mit Guss, Zuckerperlen, Pistazien u.a. verzieren.

TIPP

Statt Marzipan-Rohmasse können Sie auch 100 Gramm gemahlene Haselnüsse nehmen. Den Teig wie beschrieben ausrollen und backen. Den Guss an Stelle von Zitronensaft mit Rum anrühren. Plätzchen mit gehackten Haselnüssen bestreuen und trocknen lassen.

Hafer-Cookies

Ein Geschenk für alle, die Diät halten müssen – und dabei so lecker!

Für ca. 40 Stück

Teig

100 g Haferflocken,
160 g Diät-Margarine,
3 EL Diabetiker-Sirup,
1/2 TL flüssiger Süßstoff,
1 Ei,
180 g Kokosraspel,
150 g Weizen-Vollkornmehl,
1 TL Backpulver,
Mehl für die Arbeitsfläche;

zum Bestreichen

etwa 1 EL Diabetiker-Sirup

1. Haferflocken in einer Pfanne ohne Fett anrösten. Aus der Pfanne nehmen und abkühlen lassen.
2. Margarine, Sirup, Süßstoff und Ei schaumig rühren. 150 g Kokosraspel, Mehl und Backpulver unterrühren. Die Haferflocken dazugeben und den Teig mit den Händen kurz durch kneten. Etwa eine Stunde kalt stellen.
3. Walnussgroße Teigstücke abnehmen und Kugeln formen. Auf ein mit Backtrennpapier ausgelegtes Backblech setzen und die Kugeln etwas flach drücken.
4. Im vorgeheizten Ofen bei 175 Grad, Umluft 150 Grad, Gas Stufe 2 etwa 12 bis 14 Minuten backen.
   Die warmen Kekse mit etwas Sirup bestreichen und mit den restlichen Kokosraspeln bestreuen.

Zimtsterne

Einfach himmlisch, wie sie
im Mund zergehen!

Für ca. 80 Stück

3 Eiweiß,
250 g Puderzucker,
1 Päckchen Vanillezucker,
4 Tropfen Bittermandel-Backöl,
1 gestrichener TL gemahlener Zimt,
350–400 g ungeschälte gemahlene Mandeln

1. Eiweiß mit den Schneebesen des Handrührers zu sehr steifem Schnee schlagen. Puderzucker durchsieben und esslöffelweise unter den Eischnee schlagen. Drei Esslöffel Eischnee zum Bestreichen beiseite stellen.
2. Vanillezucker, Backöl, Zimt und so viel von den gemahlenen Mandeln unterrühren, dass der Teig kaum noch klebt. Teig in einen Gefrierbeutel geben und etwa fünf Millimeter dick ausrollen. Beutel für 15 Minuten in den Kühlschrank legen.
3. Den Beutel aufschneiden und mit einem Plätzchenausstecher Sterne aus dem Teig ausstechen. Auf ein mit Backpapier ausgelegtes Backblech legen. Restlichen Eischnee darauf streichen. Auf der mittleren Schiene im vorgeheizten Ofen bei 125 Grad, Umluft 100 Grad, Gas Stufe 1 etwa 15 Minuten backen.
4. Temperatur herunterschalten und bei 100 Grad, Umluft 75 Grad, Gas Stufe 1 weitere 30 Minuten backen: Der Eischnee soll schön hell bleiben.

TIPP

An Stelle von Mandeln können Sie auch Haselnüsse für den Teig nehmen und ihn zusätzlich mit einer Prise Nelkenpulver würzen.

Die BRIGITTE-Autorin Ursula Lebert zählt zu den bekennenden »Ich bin keine großartige Plätzchenbäckerin«-Müttern. Aber sie hat ja ihre Söhne:

Auf den BRIGITTE-Seiten sieht alles immer so wunderschön aus: Orangenküsschen, Marzipantörtchen, Krokantkringel und so weiter. So schön, dass ich es jedes Jahr wieder versuche. Die Kinder durften früher mithelfen. Das ganze Haus duftete, wie es sich im Advent gehört. Aber meine Plätzchen wurden zu groß, zu hart, sie zerliefen auf dem Blech oder waren zu braun gebrannt, der Zuckerguss klebte ... Ich wurde an diesen Backnachmittagen immer nervös, schimpfte die Kinder, wenn sie Mehl auf dem Boden verschütteten oder rohen Teig aßen. »Mama«, sagte mein Sohn, »der Teig schmeckt viel besser, wenn er noch nicht gebacken ist.« Das war natürlich beleidigend. Aber noch beleidigender für mich war, dass keiner heimlich schon vor Weihnachten Plätzchen aus der Keksdose stibitzte.

Bis ich den alten Brauch reformierte. Und das ging so: Ich kaufte fertigen Butterteig im Supermarkt und dazu pfundweise Silberperlen, bunte Liebesperlen, Schokostreusel, Mandeln, Smarties und kandierte Kirschen. Machte den Küchentisch leer, legte Nudelholz, Backpapier und Backpinsel bereit und überließ das Feld den beiden Kindern: »Macht, was ihr wollt. Der Backofen ist auf 80 Grad eingestellt. Und wascht euch bitte vorher die Hände.«

Dann begab ich mich ins Wohnzimmer aufs Sofa, Beine hoch, die neue BRIGITTE vor Augen. Aus der Küche kam Gelächter und der wundervolle Duft nach frischen Plätzchen. Manchmal schepperte es. Ach, ich war überhaupt nicht nervös, stellte mir nicht vor, wie der Fußboden wohl aussah und dachte auch nicht darüber nach, ob sie sich wirklich die Hände gewaschen hatten. Nach etwa zwei Stunden wurde ich gerufen. Da waren die Plätzchen fertig, anschaulich verteilt auf ein halbes Dutzend Teller. Die Teigreste auf dem Tisch waren etwas schwärzlich.

Aber vom Teig sah man sowieso nichts. Die Kringel, Monde und Sterne, Engel und Tannenbäumchen waren aufs wunderbarste bedeckt von Silberperlen und all dem bunten Zeug, das ich geliefert hatte. Etwas überladen, konnte man vielleicht finden. Aber das sagte ich natürlich nicht. Ich musste probieren. Die Dekoration zersplitterte zwischen den Zähnen. »Na?«, riefen die Kinder. »Mmmmmh«, sagte ich begeistert wie Bio im Fernsehen. »Schmecken super«, riefen sie. Und dann taten wir die Plätzchen in die Dosen, und die Dosen waren ganz schnell leer, ausgemaust schon zwei Wochen vor Weihnachten. Ganz begriff ich das nicht. Aber im nächsten Jahr durften die Kinder wieder Plätzchen backen, und das taten sie wieder und wieder, bis sie ihr Abitur machten und von daheim wegzogen (oder vielleicht nicht ganz so lange).

MIT KINDERN

Das große Backen

Ein Backfest mit Kindern gehört ins Weihnachtsprogramm – siehe unsere Geschichte gegenüber. Wie viele kleine Bäcker Sie einladen können, hängt vor allem vom Fassungsvermögen der Küche ab. Jedes Kind sollte einen Arbeitsplatz haben und so viel Freiraum um sich herum, dass es nicht über die eigenen Füße stolpert und den Nachbarn nicht wegboxt. Sie als Gastgeberin brauchen vor allem Zeit, Geduld und Humor. Außerdem wichtig: ausreichend Zutaten für Teig und Verzierung und große Schürzen für alle. Sie können das »Sterntaler«-Rezept von Seite 44 nehmen oder dieses hier ausprobieren:

Plätzchen Kunterbunt

Für 2 Backbleche

Teig

250 g Mehl,
200 g Butter oder Margarine,
100 g Zucker,
40 g gemahlene Mandeln,
2 Eigelb,
1/2 TL abgeriebene Zitronenschale,
Vanille-Aroma,
Mehl zum Ausrollen,
2 EL Milch;

Verzierung

1 Eiweiß,
250 g Puderzucker,
bunte Speisefarben,
geschälte Mandeln,
Hagelzucker,
Rosinen,
bunte Zuckerperlen,
Maraschinokirschen,
Schokostreusel,
Pinienkerne,
Pistazien,
und was Sie sonst noch
an essbarem Zierrat finden!

1. **Für den Teig** Mehl, Fett, Zucker, Mandeln, ein Eigelb, Zitronenschale und Vanille-Aroma zu einem glatten Teig verkneten. Es empfiehlt sich, das Kneten selbst zu übernehmen und die Kinder zuschauen zu lassen. Den Teig abgedeckt für etwa 30 Minuten kalt stellen.
2. Teig auf wenig Mehl drei bis vier Millimeter dünn ausrollen und den Kindern zeigen, wie man mit Förmchen und Gläsern (für Mondgesichter) Teig aussticht. Wenn alle mal dran waren und Herzen, Sterne, Engel mit Förmchen, Kringel, Brezel, Stiefel, Nikoläuse vielleicht freihändig fabriziert haben, die Plätzchen vorsichtig auf mit Backpapier ausgelegte Backbleche legen.
3. Das restliche Eigelb mit Milch verquirlen. Plätzchen damit bestreichen. Im vorgeheizten Backofen bei 175–200 Grad, Umluft 150–170 Grad, Gas Stufe 2–3, etwa acht bis zehn Minuten backen; große Teile brauchen 12 bis 15 Minuten (zusammen auf ein Blech legen).
4. Wenn die Plätzchen aus dem Backofen kommen, kriegt jeder seine Kreationen und darf Guss und Verzierung selber machen. Nüsse, Zuckerperlen und anderes Zubehör in Schüsselchen bereithalten und gelegentlich ein bisschen mithelfen.
5. **Zum Verzieren** das Eiweiß leicht anschlagen und den Puderzucker unterrühren. Diesen Zuckerguss aufteilen, mit Speisefarben verschieden färben und in kleine Plastikbeutel füllen. Eine Ecke der Beutel einen Millimeter knapp abschneiden – so lassen sich Linien und Muster fein zeichnen.
6. Wenn die ganze Oberfläche gefärbt werden soll, zunächst eine feine Randlinie zeichnen. Dann den Farbguss etwas verdünnen und das Loch in der Ecke etwas vergrößern – so kann man besser mit dem Farbguss hantieren.

Wenn alle fertig sind, sind Sie's sicher auch. Vielleicht mögen die kleinen Bäcker jetzt statt Süßem ein Würstchen; dann nimmt jeder seine Plätzchen mit nach Hause. Oder alles wird geteilt.

3. ADVENT

Lauter schöne Geschenke

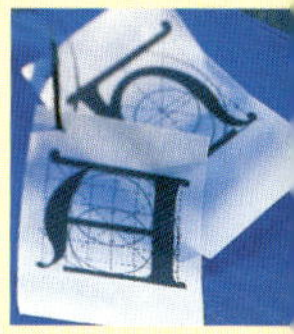

Mit den drei Weisen aus dem Morgenland hat alles angefangen. Sie brachten dem Kind in der Krippe kostbare Gaben. Melchior spendete Gold, Balthasar **Myrre,** Kaspar gab **Weihrauch.** Schenken hat eine uralte Tradition und Hochsaison an Geburtstagen – speziell zu dem des Jesuskindes. Fast jeder, der einem mehr oder weniger nahe steht, bekommt zu Weihnachten etwas geschenkt. Manche fragen sich inzwischen, ob das eigentlich noch sein muss. Längst ist der Geburtstag des Jesuskindes ein Fest der Gaben mit allgemeiner Umverteilung von Gegenständen aller Art. Viele davon sind nicht nur absolut entbehrlich, sie bringen auch das Problem mit sich, wie man sie unauffällig wieder los wird, ohne den Geber zu kränken. Die Frage unserer Zeit ist: Was schenkt man Leuten, die alles schon haben? Deshalb wird in manchen Familien von Zeit zu Zeit beschlossen: Schluss! Ab jetzt schenken wir uns Weihnachten nichts mehr (höchstens die Kinder kriegen was). Dieser Vorsatz scheitert meist an den inneren Stimmen, die uns spätestens ab dem 3. Advent beispielsweise zuflüstern:

»Ich kann doch nicht mit leeren Händen ...«
»Und wenn Tante Olga doch was schenkt?«
»Weihnachten ohne Geschenke???«
»Nur eine Kleinigkeit für jeden!«

Und weil ein einzelnes Buch, eine CD plötzlich so mickrig aussieht, legt man noch ein Zweitgeschenk dazu. Und schon schaukelt sich die Schenkerei wieder hoch, die guten Vorsätze brechen in sich zusammen.

Es muss irgendeine Triebfeder für dieses Verhalten geben, das viel, viel weiter zurückreicht als zu den drei Weisen. Schenken ist ein Brauch, so uralt wie das Bewusstsein von Eigentum. Wer von unseren Ururahnen genug hatte, gab etwas ab: um jemandem zu helfen oder selbst Hilfe zu kriegen, um eine Frau zu gewinnen, weil er jemanden beeindrucken oder verpflichten wollte. So wurde der Schenker zum Gönner, und das bedeutete: eine Stufe rauf in der Hierarchie der Gruppe. (»Geben ist königlicher denn Nehmen«, heißt das Bibelwort ursprünglich.)

Der Tauschhandel der Gaben

Im günstigen Fall bringt jedes Geschenk eine Belohnung mit sich – für beide. Der Geber gönnt sich das Vergnügen des Aussuchens und Einkaufens. Ist das Geschenk überreicht, fühlt er sich gut, gewinnt an Einfluss, erntet Sympathie und hat ein Dankesguthaben. Der Nehmer ist – wenn er Glück hat – bereichert und erfreut worden. Geschenke haben ihren materiellen Wert, sind aber auch Gradmesser der Beliebtheit.
Allerdings gibt keiner ohne Gegenleistung. Nur ist die oft nicht materiell. Der Beschenkte muss nicht, aber darf gern in Jubel oder Glückstränen ausbrechen.
In jedem Fall muss er zeigen, dass er das Geschenk würdigt. Ahnt er, wie teuer es war? (Manche helfen ein wenig nach: »Ich hab das Preisschildchen drangelassen, damit du es umtauschen kannst ...«)
Und legt er die entsprechende Dankbarkeit auf die andere Waagschale?
Da darf man sich nichts vormachen: Wir sind gerne zugegen, wenn unser Geschenk ausgewickelt wird, und beleidigt, wenn die Reaktion weniger begeistert ausfällt, als wir es uns vorgestellt hatten. Denn wie beispielsweise der Ausdruck »eine kleine Aufmerksamkeit« verrät, haben wir Zeit, Interesse (und Geld) aufgewendet, um eine Freude zu machen.

»Wie du mir, so ich dir« ist das Motto beim Austausch von Gaben. Die Balance zwischen Geben und Nehmen spielt eine ganz wichtige Rolle. Entlarvend sind einschlägige Floskeln wie:

»Nein, das kann ich doch nicht annehmen!«
»Das wäre doch nicht nötig gewesen!«
»Wie kann ich mich nur revanchieren?«
»Wie habe ich das denn verdient?«

Beim Schenken ist eine besondere Empfindlichkeit im Spiel. *Der französische Schriftsteller und Philosoph Michel de Montaigne (1533–1592) hat das so formuliert: »Wie das Schenken etwas von einer Überhebung und von einem Vorrecht an sich hat, so das Annehmen etwas von einer Unterordnung.«*

Der Beschenkte hat das Gefühl, dass die Beziehung zum Geber sich verschoben hat. Er ist ihm etwas schuldig und möchte das wieder ausgleichen. Also bringt er ein Gegengeschenk, lädt den Geber zum Essen ein oder revanchiert sich mit irgendeiner Dienstleistung. Nur nehmen, ohne geben zu können, wird (auch das ist sicher ein Erbe aus der Steinzeit) als demütigend empfunden – vor allem, wenn man mit dem Geber nicht sehr vertraut ist. Von Verwandten oder guten Freunden etwas anzunehmen, fällt dagegen viel leichter. Speziell Kinder haben da überhaupt keine Skrupel, aber für sie ist die Rolle des Nehmers auch noch etwas ganz Natürliches.

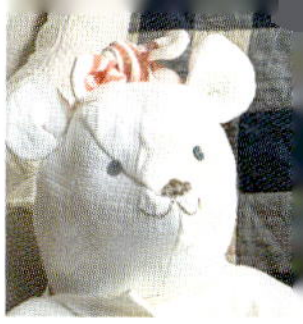

»Sag mal, schenken wir uns eigentlich was?«, fragte die junge Frau ihren Mann.

»Da bin ich ja richtig erleichtert, dass du das fragst«, war seine Antwort. »Ich hab nämlich auch noch nichts für dich.« Es war kurz vor Weihnachten. Die beiden haben drei Kinder und große Familien. Kindern, Großeltern, Geschwistern, Tanten und Onkel Geschenke zu machen und den Ehepartner leer ausgehen zu lassen – das war's nun doch nicht. Also haben die beiden beschlossen, ihr kleines persönliches Weihnachten gleich Anfang des neuen Jahres nachzuholen. Bisher haben sie es aber nicht geschafft, einen passenden Termin für das Fest zu zweit zu finden ...

Weihnachten ist wie eine Bilanz

In allen Kulturen gibt es Schenk-Feste. Was als Geschenk gilt, ist dabei eine Frage von Brauch und Konjunktur. Wir werden vermutlich künftig wieder etwas »kleiner denken« und feststellen, dass beispielsweise ein handgeschriebener Brief – inzwischen eine Seltenheit – manches Geschenk in den Schatten stellt.

Die Sitte, sich an Weihnachten zu beschenken, ist in Jahrhunderten zu einem Ritual geworden. Manche mögen die alljährliche Pflichtübung allerdings nicht und sagen: »Ich schenke lieber mal was zwischendurch.« Das kann natürlich jeder halten, wie er will. Aber schenkt man dann wirklich was zwischendurch? Ein Stichtag macht Druck, man »muss« dann nicht nur die Familie beschenken, sondern schickt vielleicht auch ein paar Karten an Menschen, mit denen man schon seit langem wieder Kontakt aufnehmen wollte. Umgekehrt kann man sich über die Geschenke und Grüße freuen, die man selbst erhält.

Schenken

Schenke groß oder klein,
aber immer gediegen.
Wenn die Bedachten
die Gaben wiegen,
Sei dein Gewissen rein.
Schenke herzlich und frei.
Schenke dabei,
was in dir wohnt.
An Meinung, Geschmack und Humor,
so dass die eigene Freude zuvor
Dich reichlich belohnt.
Schenke mit Geist ohne List.
Sei eingedenk,
dass dein Geschenk
Du selber bist.

Joachim Ringelnatz (1883–1934) aus »Das Gesamtwerk in sieben Bänden«, Diogenes Verlag Zürich, 1994

Wer soll ein Geschenk bekommen? Wer eine Karte? Und was habe ich eigentlich letztes Jahr für meine Nichten gekauft? *Wer eine große Familie und viele Freunde hat, verliert da schon mal den Überblick. Mir passiert das nicht mehr, seit ich den Tipp bekommen habe, ein »Weihnachtsbuch« anzulegen. Meins ist eine der aus China stammenden schwarzen Kladden mit rotem Rücken, die man billig kaufen kann, etwa so groß und dick wie ein Taschenbuch. Damit Verwechslungen ausgeschlossen sind, hat meine Tochter mit Deckfarbe einen Weihnachtsbaum auf den Buchdeckel gemalt und ihn mit aufgeklebten bunten Pailletten verziert. Dass es in diesem Merkbuch um Weihnachten geht, ist also so leicht nicht zu übersehen. Jedes Jahr schreibe ich nach und nach ins Buch, wer ein Geschenk bekommen soll und wer einen Brief. Und im Laufe des Jahres notiere ich mir, wenn mir irgendein Geschenk ein- oder auffällt und wenn ich durch Zufall erfahre, was jemandem fehlt oder was er sich sehnlich wünscht – solange es sich nicht um einen Laptop oder andere Wertgegenstände handelt. Diese »Buchführung« erleichtert mir die Weihnachtsvorbereitungen sehr. Zudem kann ich jederzeit nachsehen, was die oder der im vorigen Jahr bekommen hat, damit ich nicht zweimal dasselbe verschenke.*

Geben und nehmen

Wünsche äußern

Wenn allerdings jedes Jahr von Onkel Wolfgang oder Tante Gerda Geschenke kommen, die man beim besten Willen nicht leiden kann, dann ist es schon besser, dies mal behutsam kundzutun. »Weißt du, Onkel Wolfgang, was ich mir dieses Jahr von dir wünsche?« Oder: »Schenkt uns bitte nichts. Wir haben zu viel angesammelt.«

Gezielt schenken

Jeder stellt sich gerne vor, wie hinreißend dieser Pulli oder die Ohrgehänge an der Freundin/Nichte/Patentochter aussehen. Aber ob das die Beschenkte auch findet? So viel geschmackliche Übereinstimmung ist selten. Es hat sich inzwischen eingebürgert, entweder einen Gutschein zu geben oder das Geschenk vor oder nach dem Fest zusammen auszusuchen.
Man kann auch nach Wünschen fragen.

Diplomatisch sein

Einfach nicht zu vermeiden ist, dass man Geschenke bekommt, die man auspackt und »oh Gott« denkt. Das darf man natürlich nicht laut sagen. Es wäre eine grobe Verletzung. Lächeln, danken, annehmen und irgendwo aufbewahren, wo man das Ding nicht sieht. Nach einer gewissen Schamfrist darf man über sinnvolle Weiterverwendung nachdenken.

Nicht übertreiben

Auch im weihnachtlichen Schenktrubel gilt: Geben und nehmen müssen im Gleichgewicht sein. Menschen, die sich wenig leisten können, ein teures Geschenk zu machen, ist heikel. Unter Umständen fühlen die Empfänger sich gedemütigt, weil sie sich nicht angemessen revanchieren können.

Vorsicht mit Geld

Geldgeschenke, so originell verpackt sie auch sein mögen, muss man sich genau überlegen. Jugendliche haben sicher nichts dagegen, wenn Verwandte ihnen Geld geben, und Dienstleistern (Postbote, Putzfrau) ist ein Euro-Geschenk sicher lieber als ein Blumentopf. Unter Verwandten und Freunden kann ein Geldgeschenk jedoch verletzend sein: »Was glauben die denn, wer sie sind? Wir lassen uns doch von denen nicht ausbezahlen!«

Niemandem zu nahe treten

Bestimmte Sachen für den persönlichen Gebrauch, darf man – so will es die ungeschriebene Konvention – nur sehr Nahestehenden schenken. Dazu gehören Schmuck, Wäsche, Parfüm und Accessoires wie z.B. Strumpfhosen und Krawatten.

No junk!

Manche »Geschenkartikel« sind so banal, dass die Welt sie wirklich nicht braucht: Salzstangen-Spender, bedruckte Souvenirgläser, Duftlämpchen, die allgegenwärtigen Leuchten aus Salzkristallen (heftiger Protest der Lektorin: »Ich hab in jedem Zimmer eine und liebe sie!«), Topfblumen zum Sonderpreis ... Bevor Sie Gaben in Umlauf setzen, deren Erfolg zweifelhaft ist, schicken Sie lieber »nur« eine Weihnachtskarte, ein Foto oder einen Brief.

Mut zum Persönlichen

Wer das ehrliche Bedürfnis hat, jemandem eine Freude zu machen, sollte sich etwas Persönliches überlegen. Das muss nicht viel kosten. Wenn Sie beispielsweise wissen, dass er oder sie gern Plätzchen mag – und nicht gerade eine Diät macht –, überreichen Sie ein paar von Ihren Selbstgebackenen (Rezepte ab Seite 38). Die verschwinden von selbst wieder, ohne bleibende Spuren in der Wohnung zu hinterlassen.

TIPP

Selbst gekochte Marmeladen sind ein preiswertes und zugleich persönliches kleines Geschenk. Noch feiner schmecken sie, wenn Sie dazu passende, tiefgekühlte frische Beeren und Früchte auftauen und nachträglich in die Marmelade oder den Gelee einrühren. Dann muss man sie aber bald verbrauchen.

Meine Tochter bekommt seit ihrer Kindheit von ihrer Patentante, einer begnadeten Bäckerin, jedes Jahr ein Plätzchen-Deputat zu Weihnachten. *Obwohl sie heute mit ihrer Familie selbst Plätzchen bäckt, werden die Kreationen der Tante immer sehnsüchtig erwartet. Lauter fette, süße Leckereien wie Spitzbuben, Nusshäufchen, Spritzgebäck von besonderer Qualität. Sie kommen in einer Keksdose angereist, sorgfältig in Lagen mit Alufolie dazwischen verpackt. Das Päckchen enthält immer nur so viele Plätzchen, dass jedes wie eine kostbare Einzelgabe mit Andacht verzehrt wird. Alle Versuche, der Tante ihre Rezepte abzuschwatzen, waren bisher vergeblich.*

Schenken ohne Frust

Denken Sie beim Schenken auch an sich selber. Das Überlegen, Vorbereiten, Aussuchen, Einpacken soll Ihnen Freude machen. Ehe Sie seufzend losziehen, weil Sie noch so und so viele Geschenke kaufen müssen, lassen Sie´s lieber ganz.

Das Richtige für Kinder

Wer Kindern etwas schenken möchte, braucht die Eltern natürlich nicht um Erlaubnis zu fragen. Es empfiehlt sich aber, mit ihnen zu sprechen. Vielleicht besitzt das Kind, dem man einen Teddy zugedacht hat, schon fünf Teddys. Oder die Eltern sind gegen Plastikspielzeug oder Computerspiele. Oder die Kinder haben schon mehr Spielzeug, als sie verkraften.

Mut zu klaren Worten

Wenn man wirklich den Vorsatz hat, den weihnachtlichen Austausch von Päckchen einzuschränken oder ganz zu lassen, wie bringt man das den anderen bei? Am besten genau so. Sagen oder schreiben Sie Ihren Angehörigen und Freunden, was Sie dazu bewegt, mit dem Verteilen und Empfangen von Gaben Schluss zu machen. Bitten Sie alle, Ihre Entscheidung zu respektieren – und vor allem: Halten Sie sich auch selbst daran!

Über das passende Geschenk für einen befreundeten Nachbarn braucht sich ein Paar in meinem Bekanntenkreis seit Jahren keine Gedanken mehr zu machen. *Die Lösung ist längst gefunden: Ehe sie – wie alle Jahre – Weihnachten in den Süden fahren, braten die beiden eine Extra-Gans für den alleinstehenden Mann. Der nachbarliche Gänseschmaus wird ganz entspannt, in weihnachtlicher Stimmung, mit gutem Wein und bei Kerzenlicht genossen, und damit ist für alle drei Weihnachten »gegessen«.*

Erst denken, dann schenken

Bei der Fülle an »Geschenkartikeln«, die einem aus Läden und Katalogen entgegenquellen, verlieren viele jede Orientierung und Kauflust. Das führt gelegentlich zu Spontankäufen aus Ungeduld – und mit solchen Geschenken liegt man schon mal daneben. Das passiert nicht so leicht, wenn Sie sich vorher die Zeit nehmen, in Ruhe zu überlegen, was Sie für wen in etwa haben wollen. Mit einer Vorstellung, wonach man sucht, kann man sich im Einkaufsgewühl zielstrebig bewegen.
Was wir in der Hektik schnell aus den Augen verlieren: Jemandem ein Geschenk zu machen, bedeutet, sich auf ihn einzulassen, zu überlegen, was er mag, was ihm vielleicht fehlt, womit er sich beschäftigt, was seine Hobbys sind. Hat man dieses Wissen erst einmal, kann man es zum Thema des Geschenks machen – ein Erfolgsrezept mit geringem Risiko.

- Eine Flasche Wein als Geschenk für eine Weinfreundin macht vielleicht noch kein Weihnachten. Kommen aber zwei alte Gläser dazu oder auch nur ein Glaskännchen für das tägliche Viertel, angebunden an den Flaschenhals, gehört das Ensemble schon zu den besonderen, weil gut überlegten Gaben.
- Passionierte Köche können ein weiteres, sorgfältig ausgesuchtes Kochbuch bestimmt gebrauchen. Dazu eventuell einen Strauß Kochlöffel, eine Schürze, ein Sortiment Gewürze oder eine Einladung zu einem Essen, das Sie nach dem neuen Kochbuch zubereiten. Oder Sie drapieren verschiedene Leckereien in einen Korb. (Auch Köche lassen sich gern mal verwöhnen.)
- Wenn Sie selbst gern kochen, können Sie unter Ihren Freunden ein tolles Rezept mit allen dafür notwendigen Zutaten verschenken.
- Ganz preiswert ist ein Ringbuch mit ein paar eingeklebten Rezepten und viel Platz für weitere. Dazu passt ein schöner Stift.
- Freunden guter Tees oder Kaffees können Sie mit einer feinen Sorte ihres Lieblingsgetränks – eventuell in Begleitung von Thermoskanne oder -becher – eine Freude machen.

Als »Geschenk zum Hobby« kommen – je nach den Vorlieben des Empfängers – beispielsweise in Frage:

- ein kleiner Schubladenkasten aus Plastik, gefüllt mit Schrauben, Nägeln, Dübeln,
- ein Werkzeugkasten mit einigen Werkzeugen in guter Qualität,
- ein Korb mit verschiedenen Blumensamen oder Tulpenzwiebeln und dazu ein Gartenbuch,
- ein Kalligrafiebuch mit Pinseln und Tuschen,

- eine Stickvorlage mit Garn und Stoff,
- eine Strickvorlage mit Wolle,
- ein Kartenspiel plus Buch mit Spielanleitungen.
- Womit man Computer-Freaks – also einen großen Teil der Menschheit – erfreuen kann oder welches Handy angesagt ist, das bedarf vorheriger Recherche.

Oder Sie schenken »nach Anlass«, z. B.
- einen Kerzenhalter mit einem Bündel Kerzen »für einen stimmungsvollen Abend«,
- Briefpapier mit Namen und Kuverts mit aufgedrucktem Absender, dazu vielleicht die passenden Marken »für deine Briefe an ...«,
- einen kleinen Stapel guter Krimis oder Hörbücher »zum Lesen/Hören und Genießen«.

Eine meiner Kolleginnen hat einmal zugegeben, dass sie eine Schwäche für Koalas hat. *Zwei Weihnachtsfeste später hatten sich vier Plüsch-Koalas bei ihr eingefunden. Die Wände ihres Büros sind mit Postern und Postkarten (alles Geschenke!) der freundlichen Beuteltiere tapeziert, und sie hat ihren privaten Tierpark jetzt »wegen Überfüllung geschlossen«. Eine andere Kollegin sammelt Elefanten. 400 sind es inzwischen: »Richtig freuen kann ich mich nur noch über ganz besondere Exemplare. Und manchmal hab ich's satt!«, seufzt sie. Was lehrt uns das? Auch leidenschaftliche Sammler sind irgendwann schlicht überfordert.*

Als Utensilien »für einen Verwöhnnachmittag« eignen sich:
- ein Korb mit Buch, Wein oder Tee, CD, Schokolade,
- ein Wellness-Korb mit Badeöl, Körperlotion, Duftwasser,
- ein Leinenhandtuch mit Badeöl und Duftkerze.

Passende Geschenke »für die Ferien« könnten sein:
- ein Seemannspulli aus der Bretagne,
- ein Fahrradkorb mit Radwanderkarten,
- ein Reiseführer bzw. -magazin über ein Land, das der Beschenkte mag oder gern kennen lernen würde, oder ein Roman, der dort spielt,
- alte, interessante Landkarten oder Stadtpläne vom Lieblingsreiseziel,
- ein Auto-Atlas und – das wird dann schon teurer – ein Übernachtungsgutschein für ein Hotel an einer Reiseroute, die der Beschenkte demnächst fahren will.

Ein ziemlich risikoloses Geschenk habe ich jedes Jahr von meinem Mann bekommen, der von sich behauptete, kein Talent zum Schenken zu haben. *Er sammelte das ganze Jahr über alle Fünf-Mark-Stücke, die ihm in die Finger kamen, und bewahrte sie in einer Dose auf. An Weihnachten fand die Ausschüttung statt, und ich konnte mir dann selbst etwas aussuchen. Die Endsumme schwankte stark, es gab fette und magere Jahre. Das machte die Sache spannend.*

Geschenke selber machen

Nicht immer billiger, aber auf jeden Fall persönlicher als etwas Gekauftes sind Geschenke, die Sie selbst herstellen. Wer stricken oder häkeln kann, hat reiche Auswahl, vom schnell gemachten Pulswärmer oder Stirnband bis zum üppigen Umschlagtuch, einem Paar Ringelsocken, einer Teufelsmütze oder dem selbst genähten und bestickten Kissenbezug.

Wollhüllen für Kleiderbügel sind durchaus geeignet als Weihnachtsgeschenk, glauben Sie mir! *Die Idee ist mir durch Zufall gekommen: Erbost darüber, dass Kleider gerne von den Holzbügeln rutschen, die nicht rutschenden Plastikbügel aber so dünn sind, dass sie Abdrücke hinterlassen, hatte ich mich daran gemacht, abends beim Fernsehen Holzbügel zu umhäkeln bzw. in Strick zu hüllen. Ja, richtig nach Urgroßmutter-Art! »Iiii« riefen meine Töchter, »megaspießig«. »Das kommt mir nicht ins Haus«, sagten auch die Schwiegersöhne, lenkten dann aber ein: »Also höchstens nur in Schwarz oder Rot.« Für das nächste Weihnachtsfest stellte ich eine Kollektion schwarzer Bügel, roter Bügel und breit gestreifter Bügel zusammen, die geradezu etwas Designermäßiges hatten. Und schon kamen jede Menge Nachbestellungen. Wobei meine Töchter bei jeder Lieferung tun, als nähmen sie die Bügel gnädigerweise nur, um mich nicht zu kränken.*

Solche Geschenke sind schnell gemacht: Sie häkeln (oder stricken) einen Streifen, der ein klein wenig kürzer ist als der Bügel und sich auch nur knapp um den Bügel ziehen lässt (sonst leiert der Bezug leicht aus). Dann den Streifen mittig über den Bügelhaken stecken und an den Seiten und unten zusammennähen. Fertig. Beflügelt durch meinen Erfolg mit den umhäkelten Bügeln bin ich inzwischen zur Herstellung von Eiermützen übergegangen. Ein Set in sechs verschiedenen Farben wird gerne genommen.

Basteln am Computer

Zunehmend beliebt als Weihnachtsgeschenke sind »Handarbeiten« aus dem PC wie beispielsweise selbst entworfene Visitenkarten oder Briefpapier für Freundinnen und Freunde oder digital aufgenommene bzw. eingescannte und bearbeitete Fotos, die Sie per E-Mail verschicken können. Oder Sie lassen das Foto im Copy-Shop auf ein T-Shirt, einen Kissenbezug oder einen Kaffeebecher drucken. Porträtfotos wie Gemälde sind der neue Hit. Digital aufgenommene oder eingescannte Fotos lassen sich am Computer färben, heller oder dunkler, weicher oder schärfer machen. In manchen Copy-Shops kann man diese Bilder vergrößern und danach auf Leinwand kopieren lassen. Dann das Großbild auf einen Keilrahmen spannen – fertig ist das fotorealistische Gemälde. Sie können die ganze Prozedur auch einem Spezialisten übertragen (Internet-Adresse: www.wie-gemalt.de).

Überraschende Effekte entstehen, wenn man Fotos auf kräftige Folie abziehen lässt, die etwa die Qualität einer festen Klarsichthülle hat. Spannend sehen zwei Folienbilder übereinander aus. Vorher muss man allerdings berechnen, wie das Bild platziert werden soll und wie viel Freiraum für das Bild auf der zweiten Folie nötig ist, damit die Bilder einander ergänzen und nichts Wichtiges verdeckt wird.

Mit einer Liebeserklärung der besonderen Art hat eine junge Schweizerin ihren Mann überrascht: *Auf die Rückseite eines selbst genähten langen Nachthemds ließ sie ein vergrößertes Nacktfoto von sich kopieren.*

Auch ohne Computer und teure Programme können Sie Fotos zu ganz besonderen Geschenken verarbeiten. Alte und neue, große und kleine Familienfotos sind wunderbares Material für eine Collage – und da sich nahezu jedes Foto problemlos vervielfältigen lässt, können Sie gleich mehrere solcher »Memory-Bilder« herstellen, etwa für Ihre Kinder oder Geschwister. Blättern Sie in Ihren Alben, durchforsten Sie Schuhkartons und Schubladen nach Bildern möglichst vieler Familienmitglieder, von der Urgroßmutter über die Eltern in jungen Jahren bis zum kürzlich geborenen Neffen.
Wenn Sie wissen, dass eine(r) Ihrer Verwandten oder Freunde an einem bestimmten Menschen besonders hängt, können Sie diesen Menschen zum Thema einer Collage machen und beispielsweise Bilder von ihm in unterschiedlichem Alter – also vom Baby bis heute – zusammenstellen. Oder Sie verschenken eines oder mehrere Porträts, die Sie speziell aus diesem Anlass aufnehmen. Sie können beispielsweise den »Hauptdarsteller« Ihres Geschenks aus verschiedenen Perspektiven aufnehmen oder über einen längeren Zeitraum immer mal wieder Schnappschüsse machen. Mehrere Fotos können Sie auf gleiches Format vergrößern lassen und zu einem Bild oder einem Leporello zusammenfügen. Wer den Bildern einen nostalgischen Effekt geben will, nimmt einen speziellen Film, der bräunlich getönte Fotos ergibt, wie sie zu Zeiten unserer Groß- und Urgroßeltern üblich waren.
Als Material für Collagen eignen sich außerdem Postkarten, Poster, fotokopierte Gedichte, Zeichnungen oder auch ein Ausschnitt aus einem alten Stadtplan. Das Werk hält länger, wenn Sie es auf dicken Karton oder eine Holzplatte aufziehen.
Als Erinnerungsstück können Sie auch ein Buch binden lassen, beispielsweise aus alten Familienbriefen oder aus Fotos und selbst geschriebenen Texten Ihrer Kinder, Nichten oder Neffen.

Ein Bauer aus dem Alten Land bei Hamburg hat eine große Sammlung alter Familiendokumente und -bilder geerbt – und macht daraus Geschenke. *Seit er den Hof an seinen Sohn abgegeben und mehr Zeit hat, sortiert er das Material und stellt daraus Bücher zusammen wie beispielsweise »Arbeit anno dazumal«. Diese Bücher verschenkt er an seine Kinder und Enkel, damit sie Traditionen und alte Familiengeschichten kennen lernen.*

Eine Filmemacherin hat sich für ihre Lieblingstante etwas Besonderes ausgedacht: *Auf dem Dachboden ihres Großelternhauses hatte sie Briefe aus dem Deutsch-Französischen Krieg von 1870/71 entdeckt, die das bürgerliche Leben der Familie zu Hause und die Erlebnisse der Soldaten im Schützengraben detailgenau beschrieben. Diese Dokumente ließ sie für die Tante zu einem Buch zusammenfassen.*

GANZ UNKOMPLIZIERT:

Ein Gutschein

Das Geschenk für Leute, die nichts Materielles mehr brauchen oder einen unberechenbaren Geschmack haben, ist ein Gutschein. Er steht nicht im Weg, vergrößert den Hausrat nicht und berechtigt dazu, ein sehr persönliches Geschenk anzufordern. Beispielsweise eine Dienstleistung, die Sie entweder selbst übernehmen oder aber »einkaufen« können: Babysitting, Rasenmähen, Putzen, Nackenmassagen, ein Haarschnitt, ein leckeres, selbst gekochtes Essen ...

Freude machen auch Gutscheine für besondere Unternehmungen, die sich der Beschenkte sonst vielleicht nicht leisten würde. Solche Gaben können natürlich ins Geld gehen: eine gute Theaterkarte (eventuell mit dem Buch zum Stück), ein spezielles Konzert, ein Essen in einem besonderen Restaurant, ein Volkshochschulkurs oder Wochenendseminar, eine Eintrittskarte für ein hochkarätiges Fußballspiel, ein Last-Minute-Flug. Gutscheine beliebiger Preisklassen kann man natürlich auch fertig kaufen, beispielsweise in Buchhandlungen, CD-Läden, Kinos, Theatern, Boutiquen, Fitness-Center und Wellness-Farmen.

Mütter und Söhne halten nicht immer die gleichen Dinge für begehrenswert. *Deshalb schenkt BRIGITTE-Mitarbeiterin Heidrun Perdikas ihrem inzwischen erwachsenen Sohn seit jeher einen Gutschein zu Weihnachten: »Den kann er auch problemlos umtauschen. Für die Verpackung lasse ich mir immer etwas Besonderes einfallen. Es kann beispielsweise sein, dass ich den Gutschein in ein Kuvert lege, das in ein größeres Kuvert und so weiter. Das nervt ihn manchmal. Aber mir macht's Spaß. Sehr gefreut hat mein Sohn sich allerdings, als der Gutschein einmal in einem Fotoalbum mit Bildern von ihm im Alter ›zwischen 0 und 18‹ lag.«*

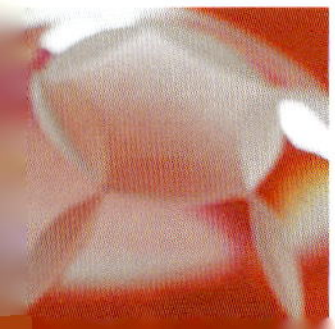

Meine Töchter sind Spezialistinnen im Erdenken und Gestalten von Gutscheinen. *Einer erschien als Heft mit eingeklebten Bildern. Das Titelblatt war mit »GUTSCHEIN – GUTSCHEIN – GUTSCHEIN« flächendeckend beschriftet. Auf der ersten Seite war ein Mercedes zu sehen. Darunter stand »Nee!« Dann kam ein Rosenstrauß. Unterschrift: »Nö!« Das nächste Angebot war eine Katze. Darunter: »Leider nicht!« Auf die Katze folgte ein Baby: »Hättest du wohl gerne. Is aber nich!« Tafelfreuden waren mir auch nicht gegönnt, und unter einer Schneelandschaft stand »Fast«. Der Katalog von Nieten endete mit dem Treffer: »Ein Frühlings-Wochenende in Quedlinburg mit deinen Töchtern, mit Wanderungen durch den Harz und ein Konzert auf der Burg.« Wir haben die Reise sehr genossen.*

Ein anderes Mal gab es einen Gutschein, der als Schreiben eines Reisebüros getarnt war. Dort hatte ich angeblich eine Autorundreise durch Irland gewonnen. Alle Stationen waren genau und glaubhaft beschrieben. Stutzig wurde ich erst, als ich erfuhr, dass wir bei einem Ausflug zu einem heiligen Berg Gelegenheit haben sollten, »an einer Madonnen-Erscheinung teilzunehmen«. Natürlich steckten wieder mal unsere Kinder dahinter. Die Irland-Reise war wunderbar. Die Madonna ist mir aber nicht erschienen.

Weihnachtsmarkt ist überall

Nürnberg kennt jeder, Dresden oder Lübeck auch. Hier noch ein paar gute Adressen:

Im Erzgebirge

Läden, die auf die traditionellen weihnachtlichen Pyramiden, Nussknacker und Räuchermännchen spezialisiert sind, findet man in vielen Städten. Mehr Spaß macht der Einkauf, wenn man in den Werkstätten beim Schnitzen, Drechseln und Malen zuschauen kann. Das ist beispielsweise ab dem 1. Adventssamstag in Seiffen möglich.
Tourist-Information
Hauptstraße 156, 09548 Seiffen
Tel. 03 73 62/84 38
www.Seiffen.de

Besonders reizvoll ist der Weihnachtsmarkt in der schönen alten Stadt Annaberg. Hier gibt es von Ende November bis etwa 20. Dezember Kunsthandwerk aus einheimischer Produktion zu kaufen.
www.Annaberg.de

Über Märkte im Erzgebirge informiert der Tourismusverband Erzgebirge
Adam-Riese-Straße 16
09456 Annaberg-Buchholz
Tel. 037 33/18 80 00
www.Tourismus-Erzgebirge.de

In Thüringen

Die Glasbläserstadt Lauscha ist berühmt für mundgeblasenen Christbaumschmuck, der dort vor 150 Jahren erfunden wurde; noch heute werden ganz alte Formen nachgeblasen. Da ist Weihnachten natürlich was los. Auf einem traditionellen Kugelmarkt an den ersten beiden Adventswochenenden können Besucher Glasbläsern bei der Arbeit zusehen, jede Menge Kugeln erwerben und auch der größte Hersteller am Ort (Krebsglas Lauscha, Tel. 036702/288-0, www.krebslauscha.de) bietet Besichtigung und Werksverkauf an.
www.Lauscha.de

In und um Leipzig

Raritäten vom Flohmarkt gibt es das ganze Jahr über jeweils am letzten Wochenende des Monats auf dem Antiquitäten- und Trödel-Markt (im Agra-Messepark, Markkleeberg bei Leipzig).
Ein anderer, der »richtige« Leipziger Weihnachtsmarkt, einer der ältesten in Deutschland, beginnt Ende November.
Er liegt in der Nähe von Bahnhof und altem Rathaus.
Info-Büro Leipzig
Tel. 03 41/710 42 60
www.Leipzig.de

RATHAUS

In Rostock

Von Ende November bis kurz vor Weihnachten feiert Rostock einen der schönsten und größten Weihnachtsmärkte von Mecklenburg-Vorpommern.
Tel. 03 81 / 1 94 33
www.rostocker-weihnachtsmarkt.de

In München

Fast jeder Stadtteil hat in München seinen eigenen Markt. Für Flohmarktfans ist die »Auer Dult« ein Muss. Verkaufsstände mit Kunst, Krempel und Brotzeit sowie Karussells und Jahrmarktbuden werden dreimal im Jahr auf dem Mariahilfplatz in der Au aufgebaut. In der Vorweihnachtszeit gibt es zwar keine Dult (Dult = Jahrmarkt) – aber man kann ja bereits zu Kirchweih (Mitte bis Ende Oktober) nach Weihnachtsgeschenken stöbern.
www.auerdult.de

Ein spezieller Markt »Handwerk und Kunst« mit zum Teil typisch süddeutschem Kunsthandwerk und Produkten aus Klöstern findet an drei Tagen Mitte November in der Münchner Residenz statt.
»RED«, W. Frischeisen
Obermühlenweg 1
92345 Mühlbach/Dietfurt
Tel. 0 84 64 / 93 31
www.eiart-frischeisen.net

Zweimal im Jahr gibt es auf der Theresienwiese in München das »Tollwood«-Festival mit Kultur, Kunsthandwerk, Schmuck, Kleidung und Besonderem aus der Küche von rund 40 Ländern. Tollwood im Winter findet statt zwischen Oktoberfest und Advent.
www.Tollwood.de

Anderswo in Bayern

Die Gemeinde Andechs, zu der das gleichnamige Kloster gehört, veranstaltet am zweiten Adventswochenende einen Christkindlmarkt. Außerdem gibt es jedes Jahr am vorletzten Wochenende im November den »Spanschachtelmarkt« mit Kunsthandwerk aller Art.
Kloster Andechs, Tel. 081 52 / 37 60
www.andechs.de

In Wasserburg am Inn wird im Advent eine kleine Stadt in der Stadt aufgebaut, die Miniaturausgabe des alten Markts. Offen ist der Weihnachtsmarkt jeweils Freitag bis Sonntag an allen Adventswochenenden.
Tel. 0 80 71 / 1 05 22
Touristik@Stadt-Wasserburg

Ein ganz besonderer Markt – manche sagen, der schönste überhaupt – findet auf Schloss Hexenagger (Altmannstein, im Altmühltal) am 1., 2. und 3. Advent statt. Abends strahlt der ganze Bau, und es gibt kleine beheizte Hexenhäuschen zu mieten, in denen man mit bis zu zwölf Freunden beim Glühwein zusammensitzen kann. Für Speis und Trank sind Stände genug da.
Tel. 094 42 / 91 83 10
www.Hexenagger.de

Der Weihnachtsmarkt im Kreuzgang des Klosters Benediktbeuern, das eine Philosophisch-Theologische Hochschule beherbergt, ist schon wegen der Location empfehlenswert. Er findet Ende November statt und dauert nur ein Wochenende. Angeboten wird Kunsthandwerk.
Kloster Benediktbeuern, Tel. 0 88 57 / 8 80
www.Kloster-Benediktbeuern.de

In Bad Wimpfen

Die ersten drei Wochenenden im Advent leuchtet die alte Stauferstadt über dem Neckar. Hier dringt der traditionelle Weihnachtsmarkt in alle Gassen und Gässchen. Historische Mauern und alte Fachwerkhäuser als Hintergrund. Wer nicht nur Kunsthandwerk besichtigen möchte, kann sich in einer Führung über die Stauferzeit belehren lassen oder am Fuß des Berges ein altes Benediktinerkloster besuchen, um etwas über die Geschichte des Ordens zu erfahren.
Tourist-Information Tel. 0 70 63 / 9 72 00
www.badwimpfen.de

In Hamburg

Das Ehepaar Jantzen sammelt und verkauft seit vielen Jahren alten mundgeblasenen Weihnachtsschmuck, der inzwischen selten und nicht billig ist. Als besonderes Geschenk eignen sich vielleicht ein Vögelchen oder eine alte Kugelkette.
Haus & Hof
Dockenhudener Straße, 22587 Hamburg
Tel. 0 40 / 86 24 60

Der Ethnologe Dr. Rüdiger Vossen und seine Frau Karla wollen für altes Handwerk werben. In ihrer kleinen Galerie verkaufen sie Fundstücke aus vielen Ländern.
Galerie »Schnepels Scheune« im alten Hof Langeloh
Sandort 17, 22549 Hamburg
Tel. 0 40 / 82 72 54

Das Altonaer Museum veranstaltet Weihnachtsmärkte mit traditionellen Handwerksprodukten und Spielzeug – jedes Jahr unter einem anderen Motto. 2003 geht es beispielsweise um »Weihnachten in Dänemark«. Der Markt dauert von Ende Oktober bis Anfang Januar. An Wochenenden zeigen Handwerker ihre Arbeit.
Altonaer Museum
Museumsstraße 23, 22765 Hamburg
Tel. 040 / 4 26 11 35 82
info@Altonaer-Museum.Hamburg.de

Eine Weihnachtsmesse »Kunst und Handwerk« mit zeitgenössischen Produkten aus Norddeutschland (z. B. von Goldschmieden, Hutmachern, Tischlern, Keramikern, Filzmachern und anderen Textil-Handwerkern) findet alle Jahre im Hamburger Museum für Kunst und Gewerbe statt, das unmittelbar neben dem Hauptbahnhof liegt.
Tel. 0 40 / 4 28 54 27 32
www.MKG-Hamburg.de

In Baden-Württemberg

Kloster Maulbronn, eine Zisterzienserabtei, gehört zum Weltkulturerbe. Ein Besuch lohnt sich jederzeit – und Anfang Dezember beginnt der Weihnachtsmarkt.
Stadtverwaltung Maulbronn
Tel. 070 43 / 10 30 oder 1 03 18
www.maulbronn.de

Eine Übersicht aller größeren Weihnachts- und Christkindl-Märkte finden Sie im Internet unter dem Stichwort »Weihnachtsmärkte«.

ABI
LUKAS

Schön und einfach verpacken

Zugegeben, die Verpackung macht das Geschenk, aber all die feinen Papiere und Bänder, die man dafür kaufen kann, gehen ordentlich ins Geld. So wird's billiger und trotzdem schön:

- **Papiertüten in allen Größen** sind als Geschenkverpackung bewährt. Man kann die unansehnlichen Behälter stempeln – z. B. mit einem aus einer Kartoffel geschnitzten Stempel oder Buchstaben aus dem Stempelkasten –, mit Tusche bemalen, beschriften, mit Glöckchen verzieren und bekleben. Zwar bekommt man beim Einkaufen fast nur noch Plastiktüten. Aber es gibt sie noch, die alten Papiertüten. Schauen Sie im Branchenbuch unter »Tüten« oder unter »Verpackung«. Wenn Sie einen Laden wissen, in dem Ware noch in Papiertüten verpackt wird, fragen Sie nach der Bezugsquelle.
- **Beutel und Säckchen** sind aus Stoffresten schnell genäht, in der Größe passend zum Geschenk.
- **Packpapier** wird aufgewertet durch Anhänger, z. B. kleine Glöckchen, Sterne, künstliche Beeren, Glückwunschkarten oder große Perlen, die auf eine dünne farbige Paketschnur gefädelt werden.
  Richtig edel wirkt es, wenn Sie es etwas bearbeiten, beispielsweise so, wie bei den Tüten schon beschrieben. Oder Sie beschriften Ihre Päckchen, etwa mit Glückwünschen, mit einem kurzen Brief, mit einem Gedicht. Dafür eignen sich sehr dicke Filzstifte oder Füllhalter mit breiter Feder. Wenn Sie weder Bindeband noch Schleife zur Hand haben, können Sie eins davon mit breitem Filzer aufmalen und die Verpackung möglichst

unsichtbar mit Klebefilm verschließen. Besonders bunt und fantasievoll wird das Päckchen, wenn Sie das Bemalen einem Kind überlassen. Die schnellste Methode: etwas aufkleben, beispielsweise Weihnachtsmotive aus Zeitschriften, Scherenschnitte, Klebesterne, Fotokopien, Flyer, Kindergemälde und -zeichnungen.

- **Zeitungspapier** als Verpackung für Weihnachtsgeschenke passt wunderbar, wenn Sie noch etwas daran arbeiten und es z. B. mit Tuschfarben bemalen oder beschriften: Herzen, Sterne, große bunte Punkte, der Name des Empfängers in Riesenbuchstaben oder auch FROHES FEST – das macht neugierig auf Ihr Präsent.
- Ein **Brief,** den Sie mit großer Schrift auf Papier schreiben, eignet sich als Hülle für ein kleines Geschenk, z. B. eine CD oder ein Buch.

Als Alternative zum Kartenschreiben und Päckchenpacken haben etwa 30 Freunde den gemeinsamen Weihnachts-Cocktail eingeführt: *Jedes Jahr in der Adventszeit – »same procedure as every year« – trifft man sich im Haus einer Freundin am Kamin. Empfangen wird die Gesellschaft mit Cocktails und Häppchen (mal Sandwiches, mal Trockenpflaumen in krossen Schinken gewickelt). Manche stehen, andere hocken auf dem Boden, denn die Sitzplätze reichen nicht für alle. Beim allgemeinen Erzählen ist oft ein ganzes Jahr nachzuholen. Zu fortgeschrittener Zeit gibt es eine köstliche Suppe, jedes Jahr nach einem anderen Rezept, das zuvor mit Andacht komponiert und getestet wurde. Die ersten Suppenesser sitzen am langen Tisch. Die anderen warten, bis sie dran sind. Eine zwanglose, seelenwärmende Veranstaltung.*

TIPP

Hier das Martini-Rezept der Freundesclique: Gin und Noilly Prat in einem Verhältnis drei zu eins mixen – ob schütteln oder rühren, ist eine Glaubensfrage. Unsere Gesellschaft rührt mit einem Glasstab. Gin und Wermut müssen eiskalt sein, so dass die Mischung wie Öl ins Glas rinnt. Erst kommt eine entkernte Olive am Sticker ins Glas. Dann den Cocktail einschenken, zum Schluss einen Spritzer Zitrone dazu (Saft oder ein Stück unbehandelte Zitronenschale).

Auch ein Gruß ist ein Geschenk

Die knappste »kleine Aufmerksamkeit« ist eine Weihnachtskarte. Wir nehmen uns Zeit, suchen eine Karte oder basteln eine und überlegen einen Moment, was wir dem Adressaten noch wünschen können, außer »Fröhliche Weihnachten« oder »Ein schönes Fest und ein glückliches neues Jahr«. Der Brauch, »Season(al) Greetings« zu verschicken, kommt aus den anglikanischen Ländern. Dort ist die Anzahl der weihnachtlichen Glückwunschkarten, die man erhält, noch heute ein Gradmesser der Beliebtheit. Man reiht sie auf dem Kaminsims auf oder steckt sie in besondere Halter – eine Sitte, die sich auch bei uns allmählich durchsetzt. Über »Grüße der Saison« freuen sich diejenigen, die einer nicht-christlichen oder gar keiner Religionsgemeinschaft angehören, und die auf diese Weise nicht ausgeschlossen werden. Die Karten im Briefkasten sind nicht zuletzt Zeichen dafür, dass man nicht allein ist auf der Welt, dass andere an einen denken.

Mir gefallen besonders jene ungelenken und höchst eigenwilligen Zeichnungen oder Gemälde, die kleine Kinder fabrizieren – von Tannenbäumen oder Nikoläusen oder gar geflügelten Himmelsboten. Da natürlich nur die engste Familie ein Original kriegt, kann man das Bild mit dem Kopierer auf Briefbogen oder Karten plus Kuverts vervielfältigen und so die Auflage beliebig erhöhen.

Eine ganz einfaches Mittel, Weihnachtswünsche zu illustrieren, ist ein weihnachtlicher Schmuckstempel, den man ruhig mehrfach auf Briefboden und Kuvert aufdruckt. Solche Stempel bekommt man in Spezialgeschäften (z. B. Phantasia, Grindelallee 105, 20146 Hamburg, Tel. 040/410 85 95) oder macht aus halbierten Kartoffeln bzw. Moosgummi selbst welche. Man kann auch eine Schnur zu einem Ornament legen und unter einen Holzklotz kleben.

Oder Sie kaufen Bildpostkarten, die sich dafür eignen, sie weihnachtlich zu verfremden, und legen los. Hier eine Nikolausmütze angeklebt, da ein Engelsflügel aufgemalt, vielleicht eine Sprechblase mit Weihnachtsgruß dazu ... Man kommt ziemlich schnell in Fahrt, wenn man erst mal angefangen hat!

Sehr verbreitet ist inzwischen die Weihnachts-E-Mail mit Fotos im Anhang: von den Absendern, von ihren Kindern oder dem Ferienort oder was auch immer Verwandte und Freunde interessieren könnte. Versand und Empfang solcher Grüße ist natürlich auf Computerbesitzer beschränkt. Hinzu kommt: Einer Emnid-Umfrage zufolge meinen die meisten Deutschen immer noch, dass sich zu so einem festlichen Anlass wie Weihnachten ein handschriftlicher Gruß gehört. Andererseits sind für Jugendliche und junge Erwachsene SMS und E-Mail längst die wichtigsten Mittel der schriftlichen Kommunikation. Für sie ist es vielleicht ein Kompromiss, den Großeltern und älteren Verwandten, die mit Handy und Computer nicht vertraut sind, eine »altmodische« Weihnachtskarte oder einen Brief zu schicken und die elektronischen Kurzfassungen auf Altersgenossen zu beschränken.

Eine E-Mail hat den Vorteil, dass man sie beliebig vielen Freunden gleichzeitig zukommen lassen kann. *Auf diesem Wege kursierte zu Weihnachten folgende chinesisch-deutsche Gebrauchsanleitung und verbreitete Frohsinn:*

Bedienungsanleitung für Gemütliche Weihnachtskerze GWK 2002

Herzlichen Glückwunsch zur gemütlicher Weihnachtskerze Kauf.
Mit sensazionell Modell GWK 2002 Sie bekommen nicht teutonische Gemütlichkeit fuer trautes Heim nur, auch Erfolg als moderner Mensch bei anderes Geschleckt nach Weihnachtsganz aufgegessen und laenger, weil Batterie viel Zeit gut lange.
Zu erreichen Gluckseligkeit unter finstrem Tann, ganz einfach.

Handbedienung von GWK 2002:

1. *Auspack und freu*
2. *Slippel A kaum abbiegen und verklappen in Gegenstippel B für Illumination von GWK 2002*
3. *Mit Klamer C in Sacco oder Jacke von Lebenspartner einfraesen und laecheln für Erfolg mit GKW 2002*
4. *Fuer eigens Weihnachtsfeierung GKK 2002 setzen auf Tisch.*
5. *Für kaput oder Batterie mehr zu Gemuetlichkeit beschweren an: wir Karlstrasse*
6. *Fuer neue Batterie alt Batterie zurueck fuer Sauberwelt in deutscher Wald.*

Da fragt man sich doch, wie mag sensazionell GWK 2002 aussehen?

Der Stern von Mexiko

Der eine liebt sie, weil sie Weihnachtsstimmung verbreiten, und das besonders, wenn das Licht auf die leuchtend roten Blätter fällt. Dem anderen sind sie in ihrer Art zu simpel und allenfalls in Weiß zu akzeptieren. Dem Weihnachtsstern kann das egal sein. Er ist schon lange und konkurrenzlos ein Bestseller in der Adventszeit. Botanisch gehört er zu den Wolfsmilchgewächsen, und seine roten Sternblüten sind streng genommen Endblätter, in deren Mitte klein und bescheiden eine gelbe Blüte sitzt. Der Weihnachtsstern stammt ursprünglich aus Mexiko, wo er zu baumhohen Büschen heranwächst. Auch in der Karibik kann man solchen Pflanzen – bis zu fünf Meter hoch – begegnen.

Der Legende nach wollte ein kleiner mexikanischer Junge so gerne dem Christkind in der Kirche ein Geschenk bringen. *Aber er war arm und hatte nichts zu verschenken. »Ich könnte wenigstens beten«, dachte er und kniete sich still an die Außenmauer der Kirche, denn ohne Geschenk wollte er nicht nach drinnen vor die Krippe treten. Beim Aufstehen sah er an der Stelle, an der er gekniet hatte, eine wunderschöne Pflanze mit einem leuchtend roten Blätterstern. Ein Wunder war geschehen. »Das ist mein Geschenk«, flüsterte der Junge.*

Weihnachtssterne sind auch bei uns beliebte Geschenke. Sie kommen nicht mehr aus Mexiko, sondern passend zu unserem Zimmerklima aus Gewächshäusern. Wichtig ist, auf den sozusagen eingeborenen Rhythmus der Pflanzen Rücksicht zu nehmen. Sie dürfen nicht länger als zwölf Stunden im Licht stehen.
Oder andersherum: Sie brauchen zwölf Stunden Schlaf im Dunklen, sonst färbt sich der Blätterstern nicht.
Weihnachtssterne sind robust, halten wochenlang und sehen am schönsten aus, wenn man mehrere zu einem leuchtenden Busch zusammenstellt. Dass eine Pflanze beim Kauf noch frisch ist, man also lange etwas davon hat, erkennt man daran, dass die kleine gelbe Blüte im roten Stern noch nicht abgefallen ist.
Weihnachtssterne brauchen nicht viel Wasser und vertragen keine Staunässe. Wenn die Erde im Topf trocken ist, am besten den Topf in Wasser stellen und stehen lassen, bis keine Luftblasen mehr hochkommen. Das überschüssige Wasser ablaufen lassen und den Stern erst wieder »tränken«, wenn die Erde getrocknet ist.

TIPP

Verblühte Weihnachtssterne kann man bis zum nächsten Herbst aufbewahren: Wenn sie welk werden, zurückschneiden, in neue Erde topfen und im Sommer nach draußen stellen. Ehe es herbstlich wird und ihre Hauptsaison beginnt, den Zwölf-Stunden-Rhythmus einführen und die Pflanzen für jeweils zwölf Stunden mit einem Eimer abdunkeln.

Geschenke aus dem Internet

Überfüllte Kaufhäuser, Gedränge an den Kassen? Das muss nicht sein, sagt sich inzwischen jeder Dritte und bestellt seine Gaben im Internet. Interessante Adressen:

www.online-geschenke-kaufen.de
Geschenkartikel für Erwachsene und Kinder, sortiert nach Anlässen.

www.eBay.de
Weltweites, virtuelles Auktionshaus für alles, was sich secondhand verkaufen lässt – vom Handy bis zum Designer-Sofa.

www.proidee.de
Originelle Geschenke von unterschiedlichem Witz und Nutzen. Im Angebot sind beispielsweise eine auf Teigdicke programmierte Nudelwalze, ein Zoomspiegel, den man nach Sehschärfe einstellen kann, und Spezialfolien für Spiegel, die das Beschlagen verhindern.

www.geschenkidee.ch
Internet-Portal zu 18 Geschenke-Shops in der Schweiz. Im Angebot sind z. B. Uhren, Schmuck, Digitalkameras, Wellness-Artikel und Utensilien in den Schweizer Landesfarben.

www.amazon.de
Neue und gebrauchte Bücher sowie Musik, Videos und Elektronik.

www.deutsches-museum-shop.com
Weltraum-Poster, kleine technische Modelle, Design-Artikel und Spezialliteratur.

www.chateauonline.de
»Wein-Abos«, natürlich auch zum Verschenken: In bestimmten Abständen kommt ein hochwertiges Weinpaket ins Haus.

www.die-Kerze.de
Verrückte Kerzen, Material zum Selbermachen und Räucherstäbchen.

www.obi@otto.de
Hightech, Spielzeug, Möbel und Wohn-Accessoires.

www.technical-toys.de
Spielzeug für Männer wie z. B. elektronische Hefter und Locher, Orientierungshelfer für Wandertouren oder ein Bier-Brau-Set.

www.ksl-trade.de
Digitalkameras plus Zubehör zu günstigen Preisen.

www.america-4u.com
Pfiffige Möbel und andere, teils kitschige, teils originelle Geschenke für US-Freaks.

www.goodorient.de
Chinesische Kleidung für Erwachsene und Kinder sowie Deko-Artikel – alles direkt aus Shanghai.

TIPP

Sie möchten gute Weine und andere Leckereien verschenken, haben aber kaum Zeit, sich darum zu kümmern? Dann lassen Sie schicken. So ein Fresspaket ist natürlich teurer als ein selbst gepacktes, aber auch viel bequemer. Ihre Arbeit beschränkt sich aufs Bezahlen.
Versandhändler für Weine, Spirituosen und Feinkost – ob Kaviar, fernöstliche Spezialitäten, Kräuter und Gewürze, feine Süßigkeiten für Diabetiker oder glutenfreie Lebensmittel für Allergiker – sind auch im Internet vertreten: Suchmaschinen wie beispielsweise Google oder Yahoo zeigen unter »Delikatessen-Versand«, »Lebensmittelversand« oder »Weinversand« eine große Auswahl.

MIT KINDERN:

Engel basteln

Für einen etwa 30 Zentimeter großen Engel braucht man:

1 Luftballon,
Tapetenkleister,
Zeitungspapier,
biegsamen Draht,
Klebeband,
Gipsbinden,
Farben,
2 Kerzenhalter (für Kränze),
2 Kerzen,
Wolle für Haare, Kartonpapier, Klarlack

1 Der Oberkörper und der bauchige Unterkörper werden getrennt und nach verschiedenen Methoden gebastelt. Der Unterkörper, der praktisch nur ein steifer Rock ist, wird über einem aufgeblasenen Luftballon mit kleistergetränktem Papier geformt (das haben die meisten Kinder schon mal im Kindergarten gemacht). Der angerührte Kleister wird mit der Hand über halbe Zeitungsbögen verteilt und auf dem Ballon glatt gestrichen – zwei bis drei Lagen übereinander. Wenn der Ballon ringsum eingekleistert ist, in ein Gefäß stecken, damit er sich nicht bewegen kann, trocknen lassen und dann untenherum gerade abschneiden, damit er steht.

2 Während der Unterkörper des Engels trocknet, wird der Rest gebastelt: Kopf, Arme und Oberkörper aus geknülltem Papier formen und so mit feinem Draht umwickeln, dass die Geschichte Stand hat. (Man kann diesen Teil auch aus einem elastischen Stoff nähen und mit Watte straff ausfüllen.)

3 Dann den Oberkörper auf den Ballonrock setzen, mit Klebeband vorläufig zusammenhalten und nach und nach die ganze Figur mit aufgeweichten Gipsbinden umwickeln und zwar so, dass die Arme ausgestreckt sind. In die Hände je einen Kerzenhalter drücken. Wenn der Gips trocken ist, ist der Engel standfest und kann bemalt werden.

4 Zum Schluss Wollhaare aufkleben, aus Karton geschnittene Flügel ankleben und Kerzen in die Hände geben. Solch ein schöner Familienengel ist weniger empfindlich, wenn man ihn mit Klarlack überstreicht.

4. ADVENT

Oh Tannenbaum

Was wäre Weihnachten ohne Tannenbaum? Ein Fest ohne Mittelpunkt. Für uns jedenfalls; unseren Nachbarn in Südeuropa ist der Baum weit weniger wichtig. Es fragt sich, wie die Tanne zum Star eines Festes geworden ist, dessen Wurzeln im Vorderen Orient liegen, also einer absolut tannenbaumfreien geografischen Zone. Verantwortlich dafür ist der »heidnische« Anteil von Weihnachten, der aus dem waldreichen europäischen Norden stammt. Und dort wurden immergrüne Bäume als Symbole des Lebens gefeiert.

Advent

Es treibt der Wind im Winterwalde
die Flockenherde wie ein Hirt,
und mancher Tanne ahnt, wie balde
sie fromm und lichterheilig wird;
und lauscht hinaus. Den weißen Wegen
streckt sie die Zweige hin – bereit,
und wehrt dem Wind und wächst entgegen
der einen Nacht der Herrlichkeit.

Rainer Maria Rilke (1875–1926),
aus »Morgen, Kinder, wird´s was geben«, Aufbau-Verlag

Der Baum hat Tradition

Die ersten Weihnachtsbäume sollen um 1600 in Straßburg gesichtet worden sein. Vorläufer waren die mit Äpfeln behängten Lebensbäume bei weihnachtlichen Paradiesspielen, in denen Adam und Eva die Hauptrollen spielten. Diese beiden wurden später von der Heiligen Familie abgelöst. Und zu den Äpfeln kam allmählich Baumschmuck der verschiedensten Art: Nüsse, Datteln, Brezeln und anderes Gebäck sowie Zuckermandeln und Zuckerfigürchen. Anfang des 20. Jahrhunderts wurden Weihnachtskugeln aus den Glasbläserhütten in Lauscha (Thüringen) populär – und bald weltweit exportiert.

Die Herzogin Liselotte von der Pfalz, die fast ihr ganzes Leben am französischen Königshof verbracht hat, schrieb 1708 in einem Brief:
»Ich weiß nicht, ob Ihr ein anderes Spiel habt, das jetzt in ganz Deutschland üblich ist, man nennt es Christkindel. Da richtet man Tische wie Altäre her und stattet sie für jedes Kind mit allerlei Dingen aus, wie neue Kleider, Silberzeug, Puppen, Zuckerwerk und alles Mögliche. Auf diese Tische stellt man Buchsbäume und befestigt an jedem Zweig ein Kerzchen, das sieht allerliebst aus und ich möchte es heutzutage noch gern sehen.«

Aus »Liselotte von der Pfalz. Briefe.« Hrsg. von Annedore Haberl, Hanser-Verlag

Es waren hauptsächlich die im Ausland verheirateten Mitglieder des Hochadels, die den deutschen Weihnachtsbaum in anderen Ländern populär machten.

Woher kommt der Weihnachtsbaum?

Jedes Jahr werden bei uns vor dem Fest etwa 20 Millionen Weihnachtsbäume geschlagen. Am beliebtesten sind Nordmann-Tannen, die wenig nadeln und deren Nadeln nicht piksen, wie es bei den Fichten und Blaufichten der Fall ist – die dafür billiger sind. Blautannen gehören auch vom Preis her in die Luxuskategorie. Weihnachtsbäume kommen in der Regel nicht aus dem Wald. Sie werden auf Feldern angebaut und abgeerntet. Jeder dritte in Deutschland verkaufte Weihnachtsbaum stammt aus dem Sauerland, ein weiteres Drittel ist in Dänemark aufgewachsen. Der Rest kommt aus Pflanzungen verschiedener Regionen.

TIPP

Wussten Sie, dass man sich einen Baum auch übers Internet ins Haus bestellen kann? Und das sogar komplett mit Schmuck und elektrischen Kerzen? www.weihnachtsbaum.de

Beliebt, aber riskant ist die Taktik, den Weihnachtsbaum erst am 24.12. zu besorgen, kurz ehe der Händler Feierabend macht – in der Hoffnung, den Baum dann fast geschenkt zu bekommen. Das allerdings ist mit gewissen Risiken für den Familienfrieden behaftet. Denn natürlich erwischt man in letzter Minute nicht unbedingt eine Schönheit von Baum, sondern eher etwas, was die Familie »so eine Krücke!« nennt. Fehlt nur, dass man dann wieder mal den Christbaumständer nicht findet und sich mit dem mitgelieferten Provisorium behelfen muss. Das ist zwar sicher und lässt sich verdecken, aber warum ist der Keller eigentlich wieder so voll gemüllt, warum steht in diesem Haushalt nichts an seinem Platz, warum … Und so kommt's womöglich zum Krach, der schon eine Weile in der Luft lag, weil die Zeit für alle Vorbereitungen knapp geworden ist und alle schon reichlich geladen sind. Jetzt tief durchzuatmen und sich im Stillen mehrfach vorzusagen: »das Fest der Liebe, das Fest der Liebe, das Fest der Liebe …« soll manchmal helfen. Andere empfehlen, es ruhig rechtzeitig zum Krach kommen zu lassen, weil danach alle schön entspannt sind. Dann muss man freilich aufpassen, dass der Streit nicht eskaliert.

So bleibt der Baum lange frisch

Wer es schafft, frühzeitig einen Baum zu besorgen, sollte ihn bis Weihnachten möglichst kühl aufbewahren, auf dem Balkon oder im Garten, mit dem Stamm in einem gut gefüllten Wassereimer; so eine Tanne oder Fichte nimmt nämlich literweise Wasser auf. Bei Frost etwas Glyzerin (Apotheke) ins Wasser tun, dann gefriert es nicht. Später im Zimmer den Baum ab und zu mit einem Wasserzerstäuber befeuchten, damit er nicht so schnell austrocknet. Bäume im Topf (mit Wurzeln) sollten höchstens zehn Tage in einem reichlich großen Gefäß im warmen Raum stehen, sonst wachsen sie nicht mehr an. Wichtig: Die Erde im Topf ständig feucht halten!

TIPP

Wenn der Boden nicht gefroren ist, kann man einen Baum im Topf gleich nach Weihnachten rauspflanzen: Das Netz um den Wurzelballen einschneiden, aber nicht ganz abmachen. Den Ballen im Pflanzloch mit Wasser einschlämmen; das Loch bis auf eine leichte Vertiefung zum Bewässern mit Erde auffüllen und mit Laub und Kompost abdecken.

Beim Christbaum im Haus muss der Fuß in der Regel versteckt und das Umfeld vor Wachsflecken geschützt werden. Bewährt hat sich Hitze isolierende Katastrophenfolie (in Sport- und Globetrotter-Geschäften). Sie ist auf der einen Seite goldfarben, auf der anderen silbern, also durchaus weihnachtsfähig. Man kann die Folie auch gut mit Tannenzweigen verdecken.

TIPP

Vorsichtige Menschen verstecken zwei gefüllte Wassereimer in greifbarer Nähe hinter dem Baum.

In vielen Familien ist es Brauch, dass auch die erwachsenen Kinder (mit oder ohne Enkel) an Weihnachten zu den Eltern heimkommen. *Da fliegt ihnen die gebratene Gans in den Mund, und sie können später die Gelegenheit nutzen, alle Freunde am Ort zu besuchen – Oma passt ja auf die Kinder auf. Wenn die Großeltern im höheren Alter Ermüdungserscheinungen zeigen, wird das Ganze umgedreht. Der Baum steht bei den Kindern, und auch die Gans wird dort serviert.*

Solch eine Premiere stand einem Paar bevor. Die beiden hatten den Ehrgeiz, alles besonders und besonders schön zu machen. Mühsam herbeitransportiert wurde eine gut gewachsene Fichte von ca. drei Metern Höhe, die den Raum eines Altbaus deckenhoch füllte. Sodann griff der Ehemann auf eine alte Sitte seiner Familie zurück: das Baumschmückfest. Eingeladen wurden lauter Singles, kräftige Baumhiever darunter, die (unter Leerung ungezählter Sektflaschen) den Baum verankern und Kerzen, Süßigkeiten, Äpfel und Baumschmuck harmonisch auf den Zweigen verteilen sollten. Der Baum war zum Glück komplett, ehe sich die Schmücker in Sektlaune mit Äpfeln bewarfen. Nach dem Genuss einer scharf gewürzten Suppe waren Baum und Helfer wieder standfest. Der Gänsebraten wurde später in ständigem Telefonkontakt mit Oma zubereitet. Die Premiere ist gelungen. Aber nächstes Jahr wird der Baum kleiner und die Gans größer, hat das Paar beschlossen.

SCHLICHT ODER ÜPPIG:

Der Baumschmuck

In jeder Familie gibt es einen Karton oder eine Kiste mit Christbaumschmuck, der sich im Lauf der Zeit angesammelt hat und nicht nach aktuellen Trends ausgewechselt, sondern allenfalls ergänzt wird. Bei aller Individualität haben sich bestimmte Schmuckstile bewährt, beispielsweise

- **der einfarbige Baum:** nur rote Kugeln und rote Kerzen.
- **der Lüsterbaum:** ein kräftiger, mittelgroßer und nicht zu dichter Baum, nur mit Kristallprismen behängt, die bessere Zeiten an einem Lüster gesehen haben.
- **der puristische Baum:** auf dichtem Grün nur weiße Kerzen.
- **der reine Tannenbaum** mit silbernen Tannenzapfen als Schmuck.
- **der Vogel-Baum:** ein zierliches Bäumchen (oder Geäst), nur mit Vögeln und weißen Kerzen.
- **der Lametta-Baum** – die Zweige dicht Faden an Faden mit Lametta geschmückt, sonst nur Kerzen – kommt langsam wieder in Mode.
- **der kunterbunte Baum** mit allem, was sich in der Weihnachtskiste angesammelt hat (plus frischen Süßigkeiten).
- **der Spielzeug-Baum** mit kleinen Holzfiguren, Bärchen, Püppchen, Hampelmännern, Autos und Loks aus Blech und so weiter.
- **der Karten-Baum:** behängt mit lauter Weihnachtskarten, die man auf diese Weise vor Augen behält.
- **der Antik-Baum:** verziert mit wunderschönen alten Kugeln und Ketten aus der Mitte des vorigen Jahrhunderts. Solche Stücke findet man gelegentlich bei Antiquitätenhändlern und kann mit der Zeit eine Sammlung aufbauen.

Was sonst noch schön aussieht

Junge Leute, die viel unterwegs sind, aber auch ältere Singles und Paare ohne Kinder mögen sich vielleicht nicht die Mühe machen, einen Baum heranzuschaffen und dann wieder zu entsorgen. Falls es auch Ihnen so geht, brauchen Sie auf Weihnachtsstimmung trotzdem nicht zu verzichten. Ganz unkompliziert sind beispielsweise Lichterketten an den Fenstern und ein großer Strauß aus Tannengrün (oder besser noch: Kiefern mit langen Nadeln), der mit kleinen Kugeln oder Strohsternen weihnachtlich verziert wird.

Oder Sie besorgen sich einen Eisenständer, der die Kerzen trägt und nur wenig Zierrat braucht. Weihnachtlich sind auch ein dicker Mistelbusch oder Olivenzweige, wie sie gelegentlich in Blumenmärkten angeboten werden, in einer großen Vase. Oder Sie stellen mehrere grüne Bäumchen in rot verkleideten Töpfen auf Tisch oder Fensterbank. Es genügt aber auch, viele Teelichte auf einem gut isolierenden Tablett zu versammeln (Achtung: Sie werden sehr heiß! Teelichte auf Alufolie stellen!), viele Kerzenhalter zu einer Gruppe zu konzentrieren oder eine Schale voll großer Weihnachtskugeln unter eine Lampe zu stellen. Und wie wäre es mit einem alten eisernen Vogelbauer voller Weihnachtsvögel, einem großen buschigen trockenen Zweig, auf dem Vögel sich versammeln, oder einem geschmückten Friesenbaum (Holzgestell mit Quersprossen)?

Advents-Einladung mit Bratäpfeln & Co.

Nichts gegen Orangen und andere Südfrüchte – aber jetzt ist Apfelsaison! »Hmm, das duftet«, werden die Freunde sagen, die Sie zum Adventskaffee eingeladen haben. Bratäpfel sind ohne großen Aufwand herzustellen – hier drei Rezepte zur Auswahl.

Äpfel in Ingwersirup

Für 4 Portionen

8 kleine feste Äpfel (z. B. Cox Orange),
1 Prise Salz
500 g Zucker,
240 ml Pflaumenwein (ersatzweise Dessertwein oder Orangensaft),
1 unbehandelte Zitrone,
1 Stängel Zitronengras (in Läden für Asien-Food, ersatzweise Zitronenmelisse),
5 cm frischer Ingwer,
3–4 Sternanis

1. Äpfel schälen und kurz in Salzwasser tauchen, damit sie sich nicht verfärben. Zucker unter Rühren zuerst schmelzen, dann goldgelb werden lassen. 1/4 Liter Wasser vorsichtig dazugeben.
2. Wein, Zitronenschnitze mit Schale, aufgeschnittenes Zitronengras sowie geschälten, in Scheiben geschnittenen Ingwer und Sternanis zufügen. Kochen, bis der Zucker gelöst ist.
3. Die Äpfel in den heißen Sud legen, etwa zehn Minuten offen bei kleiner Temperatur dünsten. Topfdeckel auflegen und die Äpfel im Sirup etwas abkühlen lassen, dabei wenden, damit sie keine braunen Stellen bekommen. Warm servieren.

- Dazu: Schlagsahne oder Vanille-Eis.

Bratäpfel mit Nuss- oder Müslifüllung

Für 4 Portionen

je 4 große säuerliche
Äpfel (z. B. Boskop);

Müslifüllung
3 EL körnige Haferflocken,
6 Backpflaumen ohne Stein,
4 getrocknete Aprikosen,
2 EL Rosinen,
3 EL Cornflakes,
50–60 g Butter,
3 EL Rohrzucker,
1/2 TL Kardamom,
3 EL Honig;

Nussfüllung
1 Beutel Walnüsse (100 g),
1 Beutel Mandelsplitter (100 g),
Honig und Zimt

1. Kerngehäuse der Äpfel mit dem Ausstecher entfernen, aber die Äpfel nicht ganz durchstechen. Die Öffnung mit einem Teelöffel vergrößern. Das herausgehobene Apfelfleisch hacken.
2. **Für die Müslifüllung** gehackte Äpfel, Rosinen, Cornflakes, 40 Gramm zerlassene Butter, zwei Esslöffel Rohrzucker und Kardamom mischen. Die Masse in die Äpfel füllen.
3. Die restliche Butter in Flöckchen darauf verteilen und mit dem restlichen Zucker bestreuen. Auf ein mit Backpapier ausgelegtes Backblech oder in eine feuerfeste Form setzen und im vorgeheizten Backofen bei 200 Grad, Umluft 170 Grad, Gas Stufe 3 etwa 30 Minuten backen. Mit Honig beträufeln und heiß servieren.
4. **Für die Nussfüllung** Walnüsse hacken. Nüsse und Mandelsplitter mit Honig und etwas Zimt verrühren, so dass ein fester Brei entsteht. Brei in die vergrößerten Apfelöffnungen füllen.
5. Jeden Apfel in Alufolie einschlagen und auf einem Backblech oder in einer Backform im vorgeheizten Ofen bei 200 Grad, Umluft 170 Grad, Gas Stufe 3 etwa 30 Minuten schmoren; nach 20 Minuten die Alufolie öffnen, damit die Äpfel Farbe bekommen.

- Dazu: Vanille-Eis, Vanillesoße oder Schlagsahne.

Äpfel im Schlafrock

Für 4 Portionen

Teig
250 g Mehl,
1 EL Zucker,
125 g Butter,
4 mittelgroße, säuerliche, feste Äpfel
(z. B. Glockenäpfel),
1 Prise Salz;

Füllung
150 g frisches Kokosfleisch,
130 g Marzipan-Rohmasse,
1 EL Rum (oder Rum-Aroma),
Mehl für die Arbeitsfläche,
1 Ei zum Bepinseln,
2 EL Puderzucker zum Bestäuben

1 **Für den Teig** Mehl, Zucker, Butter und 85–90 Millilieter Wasser zu einem glatten Teig kneten. 30 Minuten abgedeckt ruhen lassen.

2 Äpfel schälen, die Kerngehäuse entfernen. Die Äpfel kurz in Salzwasser legen, damit sie sich nicht verfärben.

3 **Für die Füllung** die braune Haut des Kokosfleisches dünn abschälen. Kokosnussfleisch auf der Reibe raspeln. Mit Marzipan und Rum mischen und in die Äpfel füllen.

4 Teig in vier Portionen teilen. Jede Portion mit wenig Mehl zu doppelter Apfelgröße rund ausrollen. Ei trennen.

5 Die gefüllten Äpfel in die Mitte der Teigplatten setzen und rundherum mit Eiweiß bestreichen. Den Teig jeweils über den Äpfeln zusammenklappen und oben mit Küchenband zusammenbinden. Mit verrührtem Eigelb bepinseln und auf Backtrennpapier setzen.

6 Im vorgeheizten Ofen bei 200 Grad, Umluft 170 Grad, Gas Stufe 3 etwa 40 Minuten backen. Mit Puderzucker bestäuben. Heiß servieren.

• Dazu: Schlagsahne, verrührt mit Kokoscreme.

Reformstau am Postschalter

Zu meinen vorweihnachtlichen Freuden gehört der Moment, in dem ich das letzte Geschenkepäckchen der Deutschen Post übergebe. Ufff. Ob ich morgens um acht komme oder abends kurz vor sechs – immer bin ich das Ende einer langen Schlange. Und jeder Mensch vor mir liefert mindestens sechs Pakete ab, hat vergessen, Paketkarten auszufüllen, will wissen, was der Versand einer Meißner Porzellanfigur nach Honululu kostet oder lässt Stapel von geschäftlichem Versandgut Stück für Stück in einem Portobuch quittieren.

Die Schlange kriecht zentimeterweise voran, und ich sehe es den Hinterköpfen vor mir an, dass da Mordgedanken zirkulieren. Der Schlimmste ist aber jedes Jahr wieder der Mensch genau vor mir. Ich weiß nicht, was er tut. Er steht stur da, als hätte er nicht lauter potenzielle Mörder hinter sich und veranlasst die Schalterbeamtin, ein Nachschlagewerk nach dem anderen zu holen und ausführlich zu durchblättern. Und immer, wenn ich denke JETZT – dann fällt doch dem Menschen noch eine Frage ein, die weitere Komplikationen nach sich zieht. Wahrscheinlich hat ihm keiner gesagt, dass für Fragen zum Steuerbescheid das Finanzamt zuständig ist.

Noch vor einigen Jahren habe ich bei meinem vorweihnachtlichen Post-Zeremoniell fasziniert zugeschaut, wie viel Handgriffe die Anbahnung des Versands eines Paketes erforderte: Auf die Waage wuchten, wiegen, messen, Frage nach Versandziel und Versandart. Paket mit Kleister bestreichen, Paketnummer aufkleben, Kontrollabschnitt auf die Paketkarte, Paketkarte durchschneiden, den kleineren Abschnitt dem Kunden aushändigen, noch ein Papier aufkleben, stempeln hier, da, da auch und noch mal da. Auslandspakete? Lassen wir lieber. Das dauert hier zu lange.

Als die Post reformiert wurde, habe ich große Hoffnungen gehegt: Wahrscheinlich würde künftig einmal die Woche ein Postauto vorfahren mit Plastik-Kleincontainern verschiedener Größe: Möchten Sie etwas verschicken? Als Geschenk? Tun Sie es hier rein – wir machen das schon. Brauchen Sie noch frische Briefmarken? Zugegeben, so viel Service kann man nicht erwarten. Aber warum dauert es immer noch so lange? Wahrscheinlich ist der Stau vor dem Schalter wieder mal ein Reformstau.

Natürlich kann man das Warten in der Post als Möglichkeit der Kommunikation betrachten. Doch Gelegenheit für ein nettes Gespräch gibt es selten. Denn Schlangestehen erfordert volle Konzentration. Man muss den Schalter im Auge behalten und selbst winzige Lücken gleich wieder schließen, damit sich keiner hineindrängelt. Manchmal allerdings bahnen sich erfreuliche Beziehungen an. So ging es einer Kollegin von mir, die hinter einem Mann mit zwei Dackeln Schlange stand. Einer der Hunde wedelte mit dem Schwanz, schnupperte und leckte dann den rechten Schuh der Kollegin so blank, wie er schon lange nicht mehr gewesen war. Hoffnungsfroh schob sie dem Dackel den zweiten Schuh hin. Zu spät. »Dante! Lass das!«, mahnte Herrchen und schritt mit seinen sechs Paketen zum Schalter.

MIT KINDERN:

Bunte Anhänger basteln

Anhänger für Geschenke oder als Baumschmuck lassen sich einfach und ziemlich schnell herstellen: Man braucht vor allem Balsaholz, Farben, feinen Draht und eine Laubsäge. Die Kinder zeichnen Herzen, Sterne oder was ihnen sonst einfällt, auf das Holz. Ob sie ihre Kreationen selbst aussägen oder ob die Eltern dabei helfen, hängt natürlich vom Alter ab. Aber das Bemalen ist wieder Sache der Kinder. Das können Erwachsene auch gar nicht so gut. Und wer nicht sägen will, nimmt Filz (links).

Wie anderswo gefeiert wird

Es kann ja sein, dass Sie das Fest der Feste gar nicht zu Hause verbringen, sondern bei Verwandten oder Freunden im Ausland. Dann brauchen Sie sich um den häuslichen Tannenbaum nicht zu kümmern und können bisher unbekannte Rituale kennen lernen.

In **Großbritannien** werden Sie wahrscheinlich vergeblich nach heimeligen Wachskerzen am Weihnachtsbaum Ausschau halten. Üblich sind dort farbige Glühlämpchen, hie und da auch Papiergirlanden, denn Christmas ist bunt! Der deutsche Weihnachtsbaum ist um 1930 auf die Insel gekommen.
Zum weihnachtlichen Ambiente gehört der traditionelle Mistelzweig an der Decke oder im Türrahmen. Wer darunter steht, darf von jedem ungefragt geküsst werden. Weihnachtskarten, die dort sehr wichtig sind, werden am Treppengeländer oder an einer durchs Zimmer gespannten Leine aufgehängt, wenn sie nicht auf dem Kaminsims Platz haben.
Am Christmas-Eve, also am 24.12., hängen die Kinder ihre Strümpfe an den Kamin oder an einen Bettpfosten. Santa Claus (»a nice, fat, good humoured looking man« wird er in einem alten Weihnachtsbuch beschrieben) kommt in der Nacht vorbei und wirft die Geschenke in den Schornstein, weil er trotz aller Güte wegen seines dicken Bauchs nicht in den Kamin rutschen kann. Wie die Gaben dann in die Strümpfe kommen, ist eines der vielen weihnachtlichen Geheimnisse. Wen wundert es, dass die Kinder am 25.12. sehr, sehr früh aufwachen? Zum Festmahl kommt traditionsgemäß der gefüllte Truthahn auf den Tisch, und danach gibt es flambierten Plumpudding (eine deftige Mischung aus Früchten, Rindertalg, Mehl, Mandeln, Eiern, Zucker und nicht zu knapp Rum). Das Weihnachtsessen ist beendet, wenn um 15 Uhr die Königin ihre traditionelle Rede hält.

Freunde in den **Niederlanden** besuchen Sie am besten gleich zu Beginn der Weihnachtszeit, denn dort ist Nikolaus das Fest der Feste! Bereits Mitte November betritt Sinterklaas in Begleitung des Swarte Piet (Schwarzer Peter) das Festland (aus Spanien kommend, wie die Legende weiß), ein Ereignis, das in den Hafenstädten, besonders in Amsterdam, feierlich begangen wird. Sinterklaas ist rot gewandet wie ein Bischof mit einer roten Bischofsmütze auf dem Kopf und reitet auf einem weißen Schimmel. Selbst die Königin heißt ihn willkommen. Am Abend seiner Ankunft stellen die Kinder einen Schuh vor den Kamin oder vor die Tür mit einem Wunschzettel drin. Daneben liegt eine Möhre oder etwas Heu für den Schimmel. Am nächsten Morgen – siehe da – hat Sinterklaas als Zeichen, dass er tatsächlich vorbeigekommen ist, kleine Schokoladennikoläuse und Lebkuchenmännchen hinterlassen. Am 5. Dezember ist »Auslieferung«. Dann liegt ein Sack mit Geschenken für die ganze Familie vor der Tür, und wer Glück hatte, dessen Wunschzettel wurde von Sinterklaas berücksichtigt. Den Heiligen Abend feiern die Familien mit einem großen Essen.

In **Frankreich** ist Weihnachten – Noël (von *natalis* = Geburtstag) – kurz und gehaltvoll. Die Franzosen feiern weder Advent noch den zweiten Weihnachtstag. Die Wohnungen werden mit Papiergirlanden geschmückt. Weihnachtsbäume sind selten und hauptsächlich im Elsass daheim. Berühmt sind französische Krippenfiguren aus Keramik in volkstümlichen Trachten des 19. Jahrhunderts, die in der Provence hergestellt werden.

Am Heiligen Abend versammelt man sich zur Réveillon. Dass bei diesem Festmahl jeder Feinschmecker auf seine Kosten kommt, kann man sich vorstellen. Zum Abschluss gibt es den Bouche de Noël, eine Art Baumkuchen. Während die Familie die Mitternachtsmette besucht, kommt Père Noël ins Haus und hinterlässt Geschenke. Bescherung ist wie in England am Morgen des 25. Dezember.

Italien ist das Land der prächtigen Krippen. Sie stehen in den Kirchen, aber auch in den Wohnungen. Denn viele Familien wetteifern miteinander, wer das schönste Exemplar besitzt. Am 6. Dezember gibt es – vor allem für die Kinder – eine Art Weihnachtslotterie. Man zieht eine Nummer aus einem Säckchen und sucht danach das passende Päckchen, das Babbo Natale gebracht hat. Il Bambinello – das Christkind ist hier männlich – legt seine Gaben in der Weihnachtsnacht vor die Schlafzimmertür. Höhepunkte der italienischen Weihnacht sind der Besuch einer prunkvollen Christmesse und die Familienzusammenkunft am Esstisch, zu der die Verwandten oft schon Tage vorher anreisen. Was da aufgetischt wird, ist nach Regionen verschieden. Fast immer aber ist handgemachte Pasta dabei. Tradition haben der trockene Panettone (Kuchen) und Cassata (Eis).

Auch in **Spanien** reisen viele Familien zu Weihnachten (Navidad) von weit her in den Heimatort. Gefeiert wird mit Umzügen, Musik und Tanz. Die Fiesta de Navidad ist ein öffentliches Vergnügen vom 26. Dezember bis Jahresende. Am 6. Januar legen die Heiligen Drei Könige Geschenke in die Kinderschuhe. Gäste werden mit einer Süßigkeit aus Mandeln und Honig (Turròn) willkommen geheißen.

Schweden ist das Weihnachtsland schlechthin. Jul ist entstanden aus Erntedank und Mittwinter und Christi Geburt. So viel Fest muss wochenlang vorbereitet werden. Da wird dekoriert und Teig geknetet, der Julschinken wird im Ganzen gebacken oder gekocht, und auf dem Land ist es immer noch Brauch, einen Boden dick mit Stroh auszulegen. Früher war das ein gemeinsames Nachtlager für alle; heute kampieren dort vor allem die Kinder. Stroh wird zu Weihnachten vielfach verwendet – beispielsweise für die allseits bekannten Sterne und Figuren wie den Julbock, der sich auch bei uns inzwischen eingebürgert hat.
Eine alte schwedische Sitte ist Julklapp (klappa = klopfen). Früher war es üblich, dass ein mehrfach verpacktes anonymes Geschenk und Gedicht ins Haus kam. Das war nicht immer nur gut gemeint. Der Bringer klopfte an die Tür, legte das Päckchen ab und verschwand dann schnell. Die Festdramaturgie ähnelt der unseren. Am 24. Dezember ist Bescherung. Die Päckchen liegen unter dem Weihnachtsbaum. Gebracht hat sie der Jultomten, ein gnomartiger Weihnachtsmann, der von Wichtelmännern unterstützt wird. Er kommt mit dem Rentierschlitten, und man stellt für ihn und seine Helfer eine Schüssel Grütze vor die Haustür.
Ehe am Heiligen Abend das große Essen mit warmem und kaltem Büfett losgeht, sitzt ganz Schweden vor dem Fernseher und guckt Donald Duck, der hier Kalle Anka heißt. Am ersten Feiertag bleiben die Familien unter sich, am zweiten besucht man Freunde. Die bekannte junge Frau mit dem Lichterkranz auf dem Kopf, die am frühen Morgen durchs Haus geht und Licht und Gebäck verteilt, gehört nicht zu Weihnachten, sondern zum Luzia-Fest am 13. Dezember.

In **Finnland** gehört neben anderen Bräuchen der gemeinsame Saunagang am Heiligen Abend zum Fest. Heinrich Pesch, deutscher Übersetzer mit Wohnsitz in Finnland, beschreibt auf seiner Website, was Finnen beim Saunen wichtig ist:

Zum Saunabad gehört viel Wasser, das die Badenden mittels einer langstieligen Kelle auf die heißen Steine werfen und damit Dampf erzeugen.
Das Wasser wird zünftig in hölzernen Eimern bereitgehalten, und die Badenden feuchten sich damit nach Bedarf an. Das Wasser enthält niemals irgendwelche Duftzusätze!
Und: In der Sauna ist man nackt. Tücher können auf die Pritschen gelegt werden, um die Sitze zu schonen. (...) Das Nacktheitsgebot bringt mit sich, dass Männer und Frauen getrennt baden, mit Ausnahme der Familiensauna. (...)
In der Sauna sind alle gleichgestellt und niemand hat etwas zu verbergen. Deshalb gehört die Sauna in Finnland auch zu offiziellen Verhandlungen, in der Sauna wird die Grundlage für Kompromisse gelegt. (...) Die Sauna ist nach wie vor wichtiger Bestandteil der finnischen Identität. Eine Einladung zum Saunabad ist Auszeichnung und Vertrauensbeweis!

In **Russland** liefern Väterchen Frost – wie der Weihnachtsmann dort seit den 30er Jahren des vorigen Jahrhunderts heißt – und seine Begleitung Schneeflocke oder Schneewittchen die Geschenke erst am 7. Januar, denn dort gilt noch der alte julianische Kalender.
Der feierliche Weihnachtsgottesdienst beginnt nach Mitternacht und dauert bis zum frühen Morgen. Vielerorts sind – so glauben die Menschen – auch die Geister der Verstorbenen anwesend. Nach dem Gottesdienst wird gefeiert. Dazu kommen kultisch verzierte Brote auf den Tisch. Der Älteste beginnt das Mahl: Er bricht das Brot und verteilt es in einer ganz bestimmten Reihenfolge.

In den **USA** ist Xmas aus vielen europäischen Traditionen bunt zusammengemischt. Das X steht für den griechischen Anfangsbuchstaben des Namens Christus. Es gibt Weihnachtsbäume, Father Christmas oder Santa kommen wie in Skandinavien mit dem Rentierschlitten und füllen wie in England in der Nacht zum ersten Feiertag Strümpfe und Schuhe. Typisch sind große Weihnachtsparaden und riesige Lichterbäume in den Städten. Vor allem New York ist ein Lichtermeer und trotz des Schocks vom 11. September 2001 eine Attraktion für Besucher aus aller Welt.

DIE WEIHNACHTSGESCHICHTE

Wie war es wirklich?

Wir haben eine ziemlich genaue Vorstellung von Christi Geburt. In einer Krippe, das heißt in einer Art Futtertrog, liegt der in Tücher gewickelte Säugling auf Stroh, an den Seiten stehen Maria und Josef. Zum festen Ensemble einer Krippe gehören außer der Heiligen Familie: Ochs und Esel, Schafe, Hirten, Engel, die drei Weisen Kaspar, Balthasar und Melchior. Und der Stern von Bethlehem.
Bei uns sehen Krippen oft so aus, als sei Jesus von Nazareth im Schwarzwald auf die Welt gekommen und die Szenerie von Christi Geburt sei Bestandteil des deutschen oder zumindest europäischen Weihnachtskults.

Die Weihnachtsgeschichte, die der Evangelist Lukas überliefert hat, ist über die ganze Welt verbreitet und kein Alleinbesitz einer Kultur. So ist es nur logisch, dass beispielsweise in Asien die Heilige Familie Schlitzaugen hat und in einem Bambuswald steht. Und in afrikanischen Krippen sind die Heilige Familie und alle Beteiligten natürlich schwarz.

So steht es im Lukas-Evangelium

Es begab sich aber zu der Zeit, dass ein Gebot von Kaiser Augustus ausging, dass alle Welt geschätzt würde.

Und jedermann ging, dass er sich schätzen ließe, ein jeglicher in seine Stadt. Da machte sich auch Josef aus Galiläa, aus der Stadt Nazareth, in das jüdische Land zur Stadt Davids, die heißt Bethlehem, weil er von dem Hause und Geschlecht Davids war, auf dass er sich schätzen ließe mit Maria, seinem vertrauten Weibe. Sie war schwanger. Und als sie dortselbst waren, kam die Zeit, dass sie gebären sollte. Und sie gebar ihren ersten Sohn und wickelte ihn in Windeln und legte ihn in eine Krippe. Denn sie hatte sonst keinen Raum in der Herberge. Und es waren Hirten in derselben Gegend, die hüteten des Nachts ihre Herde. Und siehe, des Herrn Engel trat zu ihnen und die Klarheit des Herrn leuchtete um sie, und sie fürchteten sich sehr. Doch der Engel sprach zu ihnen: Fürchtet euch nicht! Ich verkünde euch große Freude, die allem Volk widerfahren wird, denn euch ist heute der Heiland geboren, welcher ist Christus der Herr ...

Lukas war ein Mitarbeiter von Paulus und kein Zeitzeuge. Er ist Jesus nie begegnet und sein Evangelium beruht auf Hörensagen. Niemand weiß mit Gewissheit, wie viel von der Weihnachtsgeschichte Legende ist, und was sich vielleicht wirklich zugetragen hat. Darüber sollen sich die Wissenschaftler streiten. Doch einige Fragen zu dem Geschehen vor zweitausend Jahren lassen sich beantworten.

Wie weit sind Maria und Josef gewandert?

Nazareth in Galiläa liegt ca.170 (Auto-)Kilometer nördlich von Jerusalem, Bethlehem etwa acht Kilometer südlich der Stadt. Für den langen Weg hinweg über gebirgiges Land hat das Paar etwa eine Woche gebraucht. Es folgte dabei »wahrscheinlich einem alten Nomadenweg, den bereits Abraham mit seinen Herden gezogen war«, so der Ethnologe Dr. Rüdiger Vossen in seinem Buch »Höhle, Stall, Palast. Weihnachtskrippen der Völker« (Christians-Verlag).

Hat es den Stern von Bethlehem wirklich gegeben?

Es gehört zu den wissenschaftlich erhärteten Tatsachen, dass um die Zeit von Christi Geburt herum Jupiter und Saturn im Sternbild der Fische so zueinander standen, dass sie wie ein einziger, sehr heller Stern wirkten. »Hinzu trat noch der Planet Mars und vermehrte den Glanz«, schreibt Vossen.

Wann ist Jesus geboren?

Wenn seine Geburt tatsächlich mit der Erscheinung des hellen Sternenlichts zusammenfiel, ist Jesus etwa sieben Jahre früher geboren als angenommen, also vor der Zeitwende. Man könnte dann sagen: Christus kam sechs Jahre vor Christus zur Welt.

Wie hat die Krippe wirklich ausgesehen?

Wahrscheinlich, so sagen Bibelforscher, haben sich Maria und Josef in eine der Felshöhlen geflüchtet, die es in der Gegend von Bethlehem gibt. Wenn diese Höhle auch als Schafstall diente, dann war die Krippe ein Futtertrog aus Stein oder ein Geflecht aus Zweigen. An der Stelle der Höhle, die für die Geburtsstätte gehalten wurde, steht heute die Geburtskirche.

Wer waren die drei Weisen aus dem Morgenland?

Es sollen drei Magier (Sterndeuter) aus Babylon gewesen sein, die das Sternzeichen als den vorausgesagten Messias-Stern gedeutet hatten. Babylon war damals berühmt für den hohen Stand seiner Astronomie. Könige waren die drei Reisenden nicht, und dass sie Gold (Melchior), Weihrauch (der schwarze Kaspar) und Myrre (Balthasar) als Geschenke mitbrachten, ist nicht verbürgt. Die Gaben, von denen das Evangelium berichtet, haben symbolischen Charakter: Mit Gold, dem edelsten Metall, werden Könige geehrt. Weihrauch, das Symbol der Andacht, ist ein Geschenk an Götter, und Myrre (ein Harz, das zu Salben, Duftwässern und Räucherwerk verarbeitet wurde) gebührt dem Heiler.

Wie haben Maria und Josef gelebt?

Josef war Zimmermann, vielleicht auch allgemeiner Bauhandwerker, der mit Hilfe seines Esels Holz transportierte. Vom damaligen Nazareth ist nicht viel übrig und auch kaum etwas bekannt. Sicher war es keine Stadt, sondern eher eine arme ländliche Siedlung. Die Häuser in den Dörfern waren zu der Zeit einfache Würfel aus Lehm. Die Bewohner lebten vor allem von Fladenbrot, Linsen, Kichererbsen, Zwiebeln und anderen Gemüsen, die das dürre Land hergab. Hammelfleisch gab es bestimmt nur selten. Die meisten Frauen hatten viele Kinder zu versorgen. Sie verwebten Schafwolle zu langen Gewändern und trugen simple Ledersohlen mit angeknüpften Riemen, die bei uns heute als »Jesuslatschen« bekannt sind.

Hatte Jesus Geschwister?

Aus alten Quellen schließen Bibelforscher, dass Jesus vier jüngere Brüder (Jacobus, Joses, Simon, Juda) hatte. Zur Familie sollen außerdem zwei Schwestern gehört haben, deren Namen nicht überliefert sind.

Maria

Die Nacht ihrer ersten Geburt war
Kalt gewesen. In späteren Jahren aber
Vergaß sie gänzlich
Den Frost in den Kummerbalken und rauchenden Ofen
Und das Würgen der Nachgeburt gegen Morgen zu.

Aber vor allem vergaß sie die bittere Scham
Nicht allein zu sein
Die dem Armen eigen ist.

Hauptsächlich deshalb
Ward es in späteren Jahren zum Fest, bei dem
Alles dabei war.

Das rohe Geschwätz der Hirten
verstummte.
Später
wurden aus ihnen Könige in den Geschichten.
Der Wind, der sehr kalt war
Wurde zum Engelsgesang.
Ja, von dem Loch im Dach, das den Frost einließ, blieb nur
Der Stern, der hindurch sah.

Alles dies
Kam vom Gesicht ihres Sohnes, der leicht war
Gesang liebte,
Arme zu sich lud
Und
Die Gewohnheit hatte, unter Königen zu leben
Und einen Stern über sich zu sehen zur Nachtzeit.

Bertolt Brecht (1898–1956),
aus »Werke. Große kommentierte Berliner und Frankfurter Ausgabe, Band 13«
Suhrkamp Verlag Frankfurt, 1993

»Ein Kind als Hoffnungsträger«

Was hat uns die Weihnachtsgeschichte heute noch zu sagen, warum ist es wichtig, sie Kindern zu erzählen? Dr. Margot Käßmann, Landesbischöfin der evangelisch-lutherischen Landeskirche Hannover, gibt Antwort.

Ohne Zweifel hat es Jesus von Nazareth gegeben. Aber es bestehen Zweifel, ob sich die Weihnachtsgeschichte so ereignet hat, wie die Evangelisten Lukas und Matthäus sie überliefert haben, weil ihre Berichte mit den politischen Ereignissen jener Zeit nicht übereinstimmen.
Beteiligen sich die christlichen Kirchen an der Forschung?
Dr. Margot Käßmann: *Es ist immer wieder wichtig, sich klar zu machen, dass die Bibel sozusagen »von hinten« geschrieben wurde. Kreuzigung und Auferstehung Jesu waren das zentrale Ereignis. Alle Evangelienberichte sind 40 bis 70 Jahre nach dem Tod Jesu entstanden. Die Evangelisten standen also vor der schwierigen Aufgabe, aus vereinzelten schriftlichen und vielen mündlichen Überlieferungen einen Bericht zusammenzustellen. Historisch gesehen wissen wir über die Kindheit und Jugendzeit Jesu recht wenig. So können wir bei Lukas wie bei Matthäus den Versuch sehen, aus dem Abstand von vielen Jahren die Geburtsgeschichte zu rekonstruieren. Wir müssen nicht im Detail glauben, wie das mit dem Stall war. Aber Jesus wurde geboren. Sicher ist, er wurde in der Regierungszeit des römischen Kaisers Augustus geboren, vor gut 2000 Jahren. Der aktuelle Stand der Forschung ist gut verständlich erläutert in dem Buch »Jesus von Nazareth. Das gesicherte Basiswissen« von Gerd Laudert-Ruhm (Kreuz-Verlag, Stuttgart 2002).*

Ist die Weihnachtsgeschichte also eher »religiöse Dichtung«, ein Ausdruck der Sehnsucht nach Gott?
MK: *Als religiöse Dichtung kann ich die Weihnachtsgeschichte nicht bezeichnen. Sie ist eher ein Bekenntnis, ein Versuch, aus dem Glauben heraus zu rekonstruieren, wie es gewesen sein könnte. Details sind kein Glaubensinhalt, aber der Grundsatz ist deutlich: Jesus war der Sohn armer Eltern, am Rande der großen Weltgeschichte geboren, und doch Sohn Gottes, weil er uns gezeigt hat, wie Gott sich den Menschen zuwenden will, dass alle Menschen Zugang zu Gott haben sollen.*

Wie haben Sie Ihren Kindern die Weihnachtsgeschichte erklärt?

MK: *Ich habe die Weihnachtsgeschichte immer gern vorgelesen oder erzählt. Unsere Kinder brauchen Geschichten und Traditionen, um sich zu orientieren. So wie 40 bis 70 Jahre nach Christus Lukas versucht hat, von der Auferstehung her die Geburtsgeschichte zu erzählen, so erzählen wir die Geschichte weiter. Und sie ist in ihren Grundinhalten von fundamentaler Bedeutung. Das Vertrauen Marias, die Treue Josefs, die Ermutigung der Hirten, der Kniefall der Mächtigen, die Verbindung zum Himmel durch die Engel – das sind Lebenserfahrungen, Glaubenserfahrungen, die bis heute tragen. Ich fände es traurig, wenn unseren Kindern diese Geschichten vorenthalten werden. Wir leiden doch alle schon unter einem Verlust des kulturellen Gedächtnisses. Der Glaube tradiert diese Geschichten von Generation zu Generation. Da finden Menschen Wurzeln, da finden Menschen Zutrauen und Sicherheit. Hier finden sie Zugang zu Gott.*

Haben Ihre Kinder Sie je gefragt, was eigentlich Engel sind?

MK: *Mit einem bekannten Dichter kann ich nur antworten: »Es müssen nicht Männer mit Flügeln sein.« Engel sind Botschafter von der einen Welt zur anderen. Da kann mir ein anderer Mensch zum Engel werden, ein Brief, vielleicht auch ein Traum, in dem ich einem unbekannten anderen begegne. Dass Gott mich schützen will, jedes meiner Kinder schützen will, das glaube ich gewiss. Und da können es Engel sein auf wissenschaftlich vielleicht nicht nachgewiesene Art, auf ganz bestimmt nicht romantisch flügelschlagende Art, es können Momente sein, in denen ich erfahre: Ich bin nicht allein, ich werde beschützt. Mir ist wichtig, dass Kinder wissen: Ich kann mich an einen anderen wenden, da gibt es neben meinen Eltern Gott, der mich schützen will wie mit einem Schutzengel. Gott, Jesus Christus, mit dem ich über die großen Fragen meines Lebens in Kontakt sein kann. Wohl dem Kind, das in einer Notsituation ein Gebet weiß.*

Und was antworten Sie, wenn Sie gefragt werden, wie eine jungfräuliche Schwangerschaft zu erklären ist?

MK: *Es geht bei der ganzen Thematik um die Frage nach dem göttlichen Ursprung Jesu Christi. Das Neue Testament gibt darauf ganz unterschiedliche Antworten, die einander zwar nicht widersprechen, wohl aber auch nicht einfach miteinander in Übereinstimmung zu bringen sind. Ursprung der Göttlichkeit Jesu Christi ist nicht der Mensch Jesus von Nazareth, sondern Gott, der an ihm, in ihm und durch ihn wirkt.*

Wie aber der göttliche Ursprung Jesu Christi gedacht werden kann, darauf gibt es unterschiedliche Antworten. Zum einen, wie in Römer 1,4 formuliert, durch die Auferweckung Jesu Christi, im Markus-Evangelium durch die Taufe, die bei Matthäus und Lukas überlieferten Stammbäume Jesu laufen auf Josef zu, nicht auf Maria. Das Johannes-Evangelium beschreibt Jesus Christus vom Ursprung der Welt her als wesenseins

mit Gott. So bleibt die Geburt des Gottessohnes in vielem ein Geheimnis. Der Gedanke der Jungfrau umschreibt dieses Geheimnis insofern, dass Maria als eine junge Frau dargestellt wird, die offen war für Gott, für Gottes Heiligen Geist. Gott selbst kommt in die Welt, es geht um Glauben, allein dafür kann die Jungfrauengeburt eine Beschreibung sein, und deshalb kann ich den Satz im Glaubensbekenntnis auch bis heute gut mitsprechen. Die Frage einer sexuellen Jungfräulichkeit, wie sie sich in der Kirchengeschichte entwickelt hat, ist im hebräischen Denken eher unbekannt.

Wie erklären Sie, was der Stern von Bethlehem gewesen sein kann und wer die drei Weisen aus dem Morgenland?

MK: *Dass es in jenen Tagen rund um die Geburt Jesu besondere Sternkonstellationen gab, ist selbst von Astronomen nachgewiesen. Immer wieder haben Menschen in die Sterne geblickt und Erlösung erhofft. Das Besondere an der Geschichte der drei Weisen ist, dass Menschen anderer Religionen dieses Kind annehmen konnten als Hoffnungsträger. Das würde ich in der Geschichte stets stark machen: Die Regierenden, die Mächtigen, die Herrscher, sie fallen auf die Knie und sehen in dem verwundbaren Kind Gott selbst.*

Warum ist nie davon die Rede, dass Jesus von Nazareth Geschwister hatte?

MK: *Selbstverständlich hatte Jesus Geschwister, er hat in einer Familie gelebt. Das lassen viele Berichte der Bibel nachempfinden. Und es ist gut, dass er einerseits selbst in der Geborgenheit einer Familie aufwuchs, andererseits wie wohl jedes Kind auch gegen diese Familie rebelliert hat. Eins ist deutlich: Seine Mutter hat ihn begleitet auf einem Weg, den sie selbst oft sicher nicht verstand. Das geht vielen Müttern und Vätern heute auch so, die ihren Kindern weiterhin die Hand ausstrecken, die Liebe bewahren, wenn Kinder ausbrechen, ganz anders werden, als wir uns das vorstellen.*

Dr. Margot Käßmann, geb. 1958, ist Landesbischöfin der evangelisch-lutherischen Landeskirche Hannovers. Nach ihrem Theologiestudium teilte sie sich mit ihrem Ehemann über mehrere Jahre ein Gemeindepfarramt. Margot Käßmann ist Mitglied im Rat für nachhaltige Entwicklung der Bundesregierung und in der Ökumenekommission der Evangelischen Kirche Deutschlands. Sie hat vier Töchter im Alter zwischen zwölf und 21 Jahren und lebt mit ihrer Familie in Hannover. Ihr Buch »Was können wir hoffen? – Was können wir tun?« ist im Herder-Verlag erschienen.

Nachdenken über Weihnachten

Weihnachten – heute noch ein Grund zur Freude, weil Gott die Welt nicht allein lässt, sich nicht von ihr abwendet, sondern selbst in die Welt kommt.

Weihnachten ist ein guter Anlass, auch über die Brüche des Lebens nachzudenken. Ganz gewiss ist die Geschichte von der Geburt im Stall keine Romantisierung. Wir können uns freuen aneinander, miteinander, aber in aller Ruhe und Liebe auch die Konflikte ansehen.

Machen Sie Weihnachten mal eine Pause von dem zwanghaften Versuch, alles perfekt zu gestalten. Lassen Sie einmal los, versuchen Sie, miteinander zu verabreden, wie es für alle Anwesenden ein gelungenes Fest werden kann, mit Zeit füreinander und ohne Stress der Perfektion.

Es lohnt sich, zu Weihnachten an einem Gottesdienst teilzunehmen, weil hier der Grund und Sinn von Weihnachten sichtbar, hörbar, fühlbar wird. Weihnachten ohne Gottesdienst ist irgendein säkulares Mittwinterfest. Es geht aber bei diesem Fest um das Kommen Gottes in die Welt, wir geben uns hinein in eine Glaubenstradition, von der wir selbst gehalten werden. Wir haben die Möglichkeit, mit Gott ins Gespräch zu kommen, zu erfahren, dass Gott sich uns zuwendet. Das ist der Grund von Weihnachten.

Weihnachten allein? Dann würde ich mich zunächst in die Gemeinschaft begeben im Gottesdienst und mir dann Zeit nehmen für das Nachdenken über mein Leben, für das Gespräch mit Gott, für die Fragen: Woher komme ich? Wohin gehe ich?

Dr. Margot Käßmann

ENDLICH WEIHNACHTEN

Jetzt wird gefeiert!

Es gibt unendlich viele Arten, Weihnachten zu feiern. Manche wissen von Anfang an, wie sie das Fest am besten genießen und gestalten es entsprechend. Dabei halten es die einen mit den Sitten der Eltern und Großeltern, die anderen führen eigene, neue Weihnachtsbräuche ein. Andere verbinden mit Weihnachten vielleicht traurige Erinnerungen und suchen deshalb noch nach »ihrem« Fest. Wieder andere haben sich aus Tradition und Zeitgeist ein individuelles Programm für die Feiertage komponiert. Und Sie? Lassen Sie sich von den folgenden Geschichten inspirieren!

INFO

Jahrhundertelang gab es für das Weihnachtsfest keinen einheitlichen Termin. Das kommt daher, dass der Kalender mehrmals gewechselt hat. So galt bis zum Mittelalter der von Julius Cäsar eingeführte julianische Kalender. Es folgte der von Papst Gregor XIII. verordnete gregorianische Kalender. Ein einheitlicher Termin für den Jahreswechsel wurde im 16. Jahrhundert festgelegt. Seitdem wird Weihnachten fast überall an demselben Tag gefeiert. Lediglich die russisch-orthodoxe Kirche geht 13 Tage nach, deshalb fällt Weihnachten dort auf den 7. Januar.

»Bei uns ist Weihnachten immer gleich«, erzählt eine Mutter von drei Schulkindern. »Wir gehen alle zusammen einen Weihnachtsbaum aussuchen und stellen ihn auf. Immer an der gleichen Stelle im Wohnzimmer. Dann schmücken die einen den Baum, die anderen bauen die Krippe auf, und wir hören dazu Weihnachtslieder oder klassische Weihnachtsmusik.

Am 24.12. wird aufgeräumt, bis alles ordentlich und festblank ist. Am späten Nachmittag gehen wir zur Krippenfeier in die Kirche, die immer mit ‚Stille Nacht' endet. Einer von uns – mein Mann oder ich – kommt später nach. So bleibt Zeit, rasch die Geschenke auszubreiten und die elektrischen Kerzen am Christbaum schon mal anzumachen.

Wenn wir im Dunkeln nach Hause kommen, leuchtet uns dann der Baum entgegen. Wir Eltern überprüfen das Weihnachtszimmer noch einmal. Endlich läutet das Glöckchen, und die Kinder dürfen kommen. Zuerst stürzen sie sich natürlich auf die Geschenke. Wenn alle zufrieden und glücklich sind, meldet sich der Hunger. Es gibt immer Raclette mit einer großen Auswahl an Zutaten, damit sich jeder sein Pfännchen zusammenstellen kann, wie er es am liebsten mag, ehe es mit Käse belegt überbacken wird.

Da unter den Geschenken in der Regel mindestens ein Spiel ist, wird danach meist gespielt. Oder vorgelesen. Schluss ist, wenn wir alle die Augen nicht mehr länger aufhalten können.

Die beiden Feiertage verbringen wir nach alter Tradition erst bei meiner Familie, dann bei der meines Mannes, oder umgekehrt. Wir treffen uns mit allen Geschwistern und ihren Kindern am Nachmittag und bleiben bis zum fortgeschrittenen Abend. Jeder bringt etwas zu essen mit: Kuchen oder Kartoffelsalat mit Würstchen. Wir machen keine großen Umstände, damit kein Stress aufkommen kann. Es ist immer sehr gemütlich.«

Eine andere Familie hat auf der Rückkehr von den Ferien im Bayrischen Wald eine alte Bauernwirtschaft entdeckt – gute Küche, genügend Zimmer und viel Natur ringsum – und diesen Ort zum Weihnachts-Treffpunkt gemacht. Eine der Großmütter berichtet: »Wir reisen an aus Hamburg, München, Cuxhaven und Ulm; unsere Tochter mit drei Kindern, unser Sohn und die Schwiegertochter, wir Großeltern, meine Schwester mit Mann und sogar die Urgroßeltern.

Die Kinder sind ständig draußen, vor allem, wenn Schnee liegt. Zu dem Gasthaus gehört ein eigener Übungshang mit Skilift, und einen Skilehrer kann man auch bestellen. Außerdem sind natürlich Kuhställe zu besichtigen, Pferde zu besuchen und Katzen zu streicheln. Für die Großen gibt es außer gesunden

Wanderungen noch jede Menge andere Möglichkeiten, die Gegend zu erkunden. Jeder macht, was er möchte, und abends kommen alle zusammen. Am Heiligen Abend füllen wir die Gaststube und haben es urgemütlich am Kachelofen mit Blick auf einen heimischen Weihnachtsbaum. Ich freue mich immer wieder auf diese zwanglosen, stressfreien Familienfeste, wie man sie zu Hause nicht feiern könnte.«

TIPP

Wenn Ihnen die Idee »Weihnachten auf dem Lande« verlockend erscheint, suchen Sie doch mal im Internet unter »Ferien auf dem Bauernhof«!

Überraschung, Überraschung

Geschenke müssen verpackt sein. Am besten in mehreren Schichten, denn das Auspacken ist schon der halbe Spaß.

Als meine Kinder noch klein waren, habe ich für jedes die Päckchen in einen Jutesack gesteckt, auf dem groß der Name stand. *Bei uns läuft das Geschenkzeremoniell so ab: In der Regel hat jeder seine angestammte Ecke, in der er jedes Jahr seine Gaben findet. Einer fängt an und öffnet ein Päckchen, alle schauen zu, dann kommt der nächste dran, und wieder sind alle beteiligt. Das geht reihum so weiter, und dann kommt erst das nächste Päckchen dran. Das zieht die Sache schön in der Länge, erhöht die Spannung und jeder kann sich für die anderen mitfreuen. Und auch erleben, wie sein Geschenk aufgenommen wird.*

Bescherung kann man aber auch ganz anders feiern:

Eine Freundin und ihre drei erwachsenen Töchter bekommen Weihnachten für Weihnachten von einer wohlhabenden Verwandten »Care-Pakete«. Der Inhalt ist kunterbunt: Kleider, Schmuck, Haushaltswaren – alles, was bei der konsumfreudigen Dame die Saison nicht überlebt. Zugegeben, das hat Spendencharakter. Aber alle Beteiligten kennen sich zu gut, um auf solche Ressentiments zu kommen. Die Pakete der Spenden-Tante werden ganz zum Schluss geholt und geöffnet. Und dann beginnt das große Tauschen: »Gibst du mir den Rock gegen sechs Eierlöffel?« – »Ja, aber nur, wenn du noch den Lippenstift und das Parfum drauflegst ...«

Schlimmer kommt's nimmer

Nicht alle Eltern und Großeltern vertragen den Ausnahmezustand »Weihnachten« mit offenen Armen und guter Laune. Vor allem, wenn das Fest in ihrem Haushalt stattfindet, fühlen sich manche aus der täglichen Routine gebracht und sind einfach überfordert. Davon kann eine junge Frau ein Liedchen singen:

»Mein Mann, sein Bruder und wir beiden Ehefrauen waren zum ersten Mal alle zusammen zum gemeinsamen Weihnachtsfest bei den Schwiegereltern eingeladen. Kurz nach unserem Eintreffen drückte der Schwiegervater jedem einen Zettel in die Hand. Darauf stand in Maschinenschrift eine genaue Auflistung des Abendprogramms: Wann gegessen wird, wer wann in der Küche hilft, wer was aus der Weihnachtsgeschichte vorträgt, welche Lieder in welcher Abfolge gesungen werden, wann etwa die straff durchgeplante Feier zu Ende ist. Sie endete schon früher. Denn die Schwiegereltern und die Söhne fingen einen Streit an, der nicht auf dem Zettel stand und sich fast über den ganzen Abend hinzog. Wir Ehefrauen standen währenddessen in der Küche und rauchten. Ich hoffe, das wiederholt sich nicht.«

Manche Weihnachtsfeste beginnen nach dem Motto: Schlimmer kommt's nimmer. Es kann aber durchaus sein, dass sich alles in großem Gelächter auflöst – so eine Geschichte erzählt die BRIGITTE-Autorin Angelika Gardiner:

Der Vorschlag war so unverschämt, dass mir die Tränen in die Augen schossen. *Zugegeben, wir steckten in einer Ehekrise, aus der es wohl keinen Ausweg mehr gab. Trotzdem blieb mir fast die Luft weg, als Martin mir erklärte, wie er sich die kommenden Weihnachtsfeiertage vorstellte. Am Heiligen Abend wollte er mit mir auf Weihnachtsgans und Tannenbaum machen (die andere konnte wohl nicht besonders gut kochen?) und am ersten Feiertag hatte mein Noch-Ehemann vor, mit seiner jungen Geliebten zu deren Eltern zu fahren (was sind das bloß für Leute, die den verheirateten Freund ihrer Tochter an Weihnachten im*

Familienkreis einladen? Noch geschmackloser geht es wohl nicht?)
Ich war empört. Vermutlich habe ich dann ein paar höchst unfreundliche Dinge geäußert. Genau weiß ich das nicht mehr. Martin rauschte jedenfalls beleidigt ab, und ich stand da mit der Aussicht auf ganz fürchterliche Feiertage.
Wirklich?
Mir fiel Jürgens Brief ein: »Ich hab vor einigen Wochen ein Haus in Ligurien gekauft, dort würde ich gerne Weihnachten mit ein paar netten Leuten feiern«, hatte er geschrieben. Als ich ihm jetzt zurückschrieb: »Ich hoffe, du hast auch Einzelzimmer, ich komme nämlich allein«, – da war er doch überrascht. Er gab mir noch den Tipp: »Wolfgang kommt auch. Wenn ihr zusammen fahrt, kriegt ihr sicher irgendwelche Sondertickets.«
Das war die Lösung. Ich musste nicht die Feiertage allein heulend im Bett verbringen, während mein Gatte im Hochgefühl seines neuen Glücks vor fremden Tannenbäumen gurrte. Das Gesetz des Handelns lag endlich wieder bei mir.
Als ich dann Wolfgang anrief, fand ich ihn etwas depressiv. Ich hatte ihn schon immer nett gefunden, aber ich kannte ihn nicht gut genug, um zu fragen, warum er so durchhing. Die ersten paar Stunden der gemeinsamen Bahnfahrt verliefen wortkarg. Ich hing tränenumflort in meiner Ecke und dachte darüber nach, dass ich demnächst wohl auch zum Riesenheer verlassener Ehefrauen mittleren Alters gehören würde. So versunken war ich in Selbstmitleid und Grübelei, dass mir gar nicht auffiel, wie blass und einigermaßen unglücklich auch Wolfgang aussah. Irgendwann zwischen Butterbrot und mitgebrachten Weihnachtskeksen fing er an zu reden. Stockend erst und schließlich wie ein Wasserfall. Was dieser Mann erzählte, war um kein Haar besser als meine eigene Krise.
Wolfgang, seit langem geschieden, hatte sich in eine Kollegin verliebt, die ihn seit einem guten Jahr zum Narren hielt. Ich hörte ihm zu und dachte nach, jetzt schon nicht mehr ganz so schmalspurig wie zu Beginn der Bahnfahrt. Wen es trifft, der leidet – egal, ob Mann oder Frau. Noch nie hatte mir ein Mann so ehrlich seinen hilflosen Kummer über eine Frau gebeichtet, der es offenbar nichts ausmachte, ihm das Herz zu brechen.
Wir redeten und redeten, und allmählich wurde der dunkelgraue Schleier auf meiner Seele ein wenig heller. Als das Mittelmeer in Sicht kam, kicherten wir schon einigermaßen vergnügt. Waren wir nicht ein unschlagbares Gespann für eine Weihnachtsreise in den Süden?
In Imperia stand Jürgen auf dem Bahnsteig, eine Flasche Prosecco und ein Glas in der Hand. Er strahlte und hüpfte herum wie ein junger Hund, dessen Herrchen zu lange verreist war. »Ich bin ja so froh, dass Ihr Euch aufgerafft habt«, beteuerte er ein ums andere Mal. Aber wo war Margret, Jürgens schöne Kunsterzieherin, mit der ihn seit langem eine komplizierte Liebesgeschichte verband?
Jürgen kippte sein Glas Prosecco auf einen Zug runter und wurde auf einmal tieftraurig. »Weg ist sie«, knurrte er verbittert und wollte erst kein Wort mehr »über die Sache« verlieren.
Also noch ein Liebesdrama.

Auf der Fahrt zu seinem Dorf stoppte Jürgen plötzlich in einer Parkbucht und begann zu lachen wie ein Irrer. »Wisst Ihr, wer noch mit uns Weihnachten feiert?«, keuchte er. »Gestern ist Susanne gekommen. Ihre Ehe ist kaputt, weil ihr Mann die Finger nicht von seinen Studentinnen lassen kann.« Jetzt gab es auch für Wolfgang und mich kein Halten mehr. Wir kreischten geradezu hysterisch, klopften uns auf die Schultern, bis wir nicht mehr konnten. Vier frisch Verlassene feiern gemeinsam Weihnachten. Das kann ja heiter werden!
Wurde es auch.
Und war das auch im Rückblick betrachtet ein wirklich gelungenes Weihnachtsfest?

Aber sicher. Für mich war es der Anfang eines neuen Lebens. Ich hatte so viel gelacht wie schon lange nicht mehr, und ich hatte eine Ahnung bekommen, was meine unfreiwillige Freiheit an Zukunftsmöglichkeiten bot.

Auszugsweise aus »Weihnachtsgeschichten am Kamin 2«, hrsg. von Ursula Richter und Wolf-Dieter Strubel, Rowohlt

Erst Familie, dann die Clique

Weihnachten ist nach wie vor das Familienfest, aber einiges hat sich natürlich im Lauf der Zeit gewandelt. Wo hätte es das früher gegeben, dass die jugendlichen und erwachsenen Kinder spätestens um Mitternacht die Familie verlassen oder sich Freunde einladen? Wenn man Platz genug hat für Gäste, kann man nach Bescherung und Festessen gut einen Programmwechsel vertragen. Wer in die Mitternachtsmesse will, kann sich darauf vorbereiten, Ältere möchten sich vielleicht zurückziehen, und die Jungen feiern auf ihre Art weiter.

»Als wir – eine Hand voll Freunde – noch in die Schule gingen, haben wir uns zu Weihnachten gegenseitig selbst gebastelte Spiele geschenkt, und die mussten natürlich gleich ausprobiert werden«, *erzählt einer, der schon lange kein Schüler mehr ist. »Wenn die Familienfeier vorbei war, so ab 23 Uhr, kamen alle Freunde zu uns und wir haben gespielt. Später brachten die Freunde ihre Freundinnen mit, da war der Spieleifer schon abgeklungen, und wir landeten nicht selten um Mitternacht in der Disco. Einfach abtanzen – das war eine Wohltat zwischendurch! Inzwischen haben wir alle selbst Familie, was uns aber nicht hindert, uns irgendwann an Weihnachten zu treffen.«*

Beispielsweise bei einem der ehemaligen Schulfreunde: »Am späten Heiligen Abend ist bei uns ‚open door', sagt er. »So ab halb elf, wenn die Familienfeiern zu Ende sind, kann von unseren Freunden und Verwandten kommen, wer Lust hat. Ohne vorherige Anmeldung. Alle sind dann satt und entspannt, und es wird meist sehr lustig. Die Kerzen am Weihnachtsbaum sind an. Es gibt Sekt, Cocktails und Saft, aber nichts zu essen. Weil viele Freunde, die nicht mehr in Hamburg leben, Weihnachten da sind und man sie dann

'zu fassen kriegt', wie wir Hamburger sagen, feiern wir am so genannten dritten Weihnachtstag, dem 27. Dezember, noch einmal. Meine Mutter lädt am Abend alle unsere Freunde ein. Da gibt's ein Büfett. Bis wir uns erzählt haben, wie es uns seit letztem Jahr ergangen ist, kann es Morgen werden.«

Viele der jetzigen Junge-Eltern-Generation haben früher in Wohngemeinschaften gelebt, die als verschworene Feiergemeinschaften weiterbestehen:

»Weihnachten sind wir eine Art Auffanglager für Singles und alle, die hier keine Familie haben«, *sagt ein junger Familienvater. »Aber sie kommen nicht alle auf einmal. Wir feiern in drei Stufen. Zunächst bleiben wir mit unseren beiden kleinen Söhnen unter uns, bis die beiden nach der Bescherung ins Bett kommen. Dann treffen die Freunde ein – die erste Schicht sozusagen – und bringen etwas zu essen und zu trinken mit. In diesem Jahr gab's Fleischfondue, nach Wunsch in Brühe oder Fett gegart. Kochen tun wir alle zusammen, und wer nicht am Herd steht, deckt den Tisch, stellt Getränke kalt, sorgt für Kerzenlicht und Aschenbecher. Nach dem Essen, so um 23 Uhr, trudelt die letzte Schicht ein. Als allerletzter kam diesmal ganz unvorhergesehen ein Hund, der sein verreistes Frauchen vermisste; wir wiederum hätten ihn gerne vermisst, aber an Weihnachten darf man nicht hartherzig sein. Die Nacht kann sehr lustig werden und sehr, sehr lange dauern. Man muss nur vorher absprechen, wer was mitbringt, damit es kein Tohuwabohu gibt.«*

Ganz unter uns

So weit, so gut. Aber bekanntlich verläuft Weihnachten nicht immer easy und harmonisch. Eine junge Frau erzählt eine für unsere Zeit nicht untypische Geschichte:

Als meine Eltern sich getrennt hatten, wir drei waren damals Schulkinder, konnten sie sich nicht einigen, bei wem die Kinder Weihnachten feiern sollten.
Der Kompromiss hieß dann: bei beiden. Also bereiteten sich beide vor. Und wir wanderten erst zum Vater und seiner neuen Frau, wo das ganze Weihnachtsprogramm ablief, mit Gansessen und Bescherung. Beladen mit Tragetüten voller Geschenke gingen wir dann zu meiner Mutter, und das Ganze wiederholte sich, einschließlich Gansessen. Auch hier gab's reichlich Geschenke. Wir Kinder standen da, erschöpft und überhäuft mit Sachen, und waren todunglücklich.

Junge Menschen mit ähnlichen Erfahrungen wollen es oft ganz anders machen. Manche haben eine bestimmte Vorstellung von einem idealen Weihnachten – still, besinnlich, frei von dem Geschenkerummel, den sie vielleicht als Kinder miterlebt haben. So wie das Paar in dieser Geschichte:

Ein einsames Häuschen haben wir gesucht, möglichst mitten im Schnee und vor allem bezahlbar:
Das hieß, Länder wie die Schweiz fielen schon mal aus. Da kam uns ein Katalog eines ostdeutschen Vermieters in die Hände. Der hatte auch Häuschen in Tschechien im Angebot, darunter eins im böhmischen Paradies. Im Paradies Weihnachten zu feiern, kam unserer Idee schon ziemlich nahe. Also beluden wir unser Auto mit schneefesten Wanderstiefeln, Wein, Branntwein und einer riesigen Ente, unzähligen Kerzen, Weihnachtspäckchen und Streichhölzern und fuhren durch das Riesengebirge.
Das Paradies war kalt, still und tief verschneit. Das Häuschen erwies sich als dunkle Holzhütte mit steilem Dach, einsam, mit einem schmalen Saum Weide ringsherum. Jenseits der Weide stand stumm und dicht der Tannenwald, eine richtige Weihnachtskulisse. Das

Auto hatte den steilen Weg zum Häuschen geschafft; wir hatten es nahebei in den Schnee gerammt und waren sicher, es da vor der Schneeschmelze nie wieder wegzubekommen. Der Schlüssel, den man uns nach Berlin geschickt hatte, passte tatsächlich.

Jetzt stand dem perfekten Weihnachten nichts mehr im Wege. Nur noch Kleinigkeiten, die bekanntermaßen die Romantik erhöhen: Das Häuschen erhob sich ebenso steil in den Himmel, wie es sich tief in einen Keller senkte. Da unten fanden wir Klo und Dusche. Der Keller war über eine Luke im Fußboden zu erreichen mit einer schweren Falltür darüber und einer steilen Holztreppe darunter. Und bald wussten wir auch, warum das Häuschen eigentlich ein Sommerhäuschen war, denn eine Heizung gab es dort unten nicht. Oben im Spitzdach war der Schlafraum und in der Mitte eine Art Diele, die in eine winzige Küche führte.

Das eigentliche Herz des Häuschens war eine warme Stube. Sie hatte einen Holzfußboden, einen Kamin, Sofa und einen Esstisch mit Eckbank. Nachdem wir überall Tannenzweige, Kerzen und Weihnachtskekse verteilt hatten, war sie einfach – perfekt. Eine Urhöhle. Draußen war es kalt und nass und dunkel, aber: Zurückkommen von einer langen Wanderung durch das böhmische Paradies – viel Tannenwald mit bizarren Felsen –, dann die nassen Stiefel von den klammen Füßen ziehen, Wollsocken an, in die Stube huschen und noch eine paar Scheite aufs Feuer legen, Zimtkekse und einen Grog, die Kerzen neben uns grüßten die dunklen Tannen draußen – das war blanke Seligkeit.

Es fehlte nur der eine oder andere vorbeischwebende Engel. Es fehlte allerdings auch der Ofen, in dem wir unsere riesige Ente hätten braten können – den Besitzern der Hütte reichten zwei lahme, elektrische Kochplatten. Bei vielen Männern bricht ja zwei Kilometer außerhalb der Zivilisation sofort der Neandertaler durch: Meiner grunzte, spießte die Ente auf einen Eisenstab, den er draußen gefunden hatte, hängte den Stab in die Kamintür und fing an zu drehen. Bitte, diese Ente gehört zu den besten, die ich je zu Weihnachten gegessen habe. Und während so eine Ente brutzelt, spritzt und tropft, kann man eine prächtige Feuerzangenbowle machen, alle Kerzen auspusten und sich überhaupt fühlen wie im Himmel.

Ja, am zweiten Weihnachtstag haben wir es tatsächlich geschafft, das Auto aus der Schneewehe zu befreien und es den Hang hinab so um die Kurve rutschen zu lassen, dass die Tannen unversehrt blieben. Keine Spuren haben wir hinterlassen dort in Tschechien. Bis auf ein paar Fettspritzer auf dem hölzernen Fußboden des Häuschens.

Schnee, der auf den Tannen liegt und unter den Schritten knirscht, ein sternklarer Himmel, Schlittenglöckchen und zugefrorene Teiche – das sind die Weihnachtsträume unserer Kindheit. Um frostige, weiße Weihnachten zu erleben, muss man heutzutage weit fahren, weiß ein Paar aus Norddeutschland, das mit zweijährigem Kind nach Norden fuhr.

Schnee auf der Autobahn, gefrorenes Scheibenwasser – wir wussten nicht, dass die Nordpolarnacht so kalt ist, als wir unseren Weihnachtsurlaub in Schweden planten. *Unser Häuschen stand nicht weit von Stockholm an einem See. Ein klassisches rotes Holzhaus mit Sauna und Kamin, und die Besitzer hatten uns nicht nur einen frisch geschlagenen Tannenbaum, sondern auch schwedische Dekoration für denselben in die Stube gebracht. Einschließlich der obligaten elektrischen Kerzenpyramide, die um Weihnachten herum jeder Schwede in sein Fenster stellt. Und zwar so flächendeckend, dass man fast an eine königliche Verordnung glauben möchte. Ringsherum standen Bauernhöfe in der Gegend und das eine oder andere kleine Schloss.*

Die Schweden sind ein ruhiges Volk, weitherzig und tolerant, und sie wundern sich nicht einmal, wenn eine kleine Herde menschliche Pinguine durch ihre Landschaft hüpft. Was soll man auch machen, wenn eine Zweijährige bei krachender Kälte partout nicht laufen will? Der Schnee knirscht, die Sonne hängt tief am eisig blauen Himmel und das kleine Michelin-Männchen will einfach nicht ins warme rote Holzhaus zu Kamin, Kakao und Stollen. Nein – hüpfen wie ein Pinguin will es und sich noch etwas im Schnee suhlen.

Nachts gingen wir auf den See, unser kleiner Mensch schlief fest und warm im Häuschen. Über uns der glitzernde Sternenhimmel, unter uns der glitzernde Schnee und noch tiefer drunter das Eis. Das knackte gewaltig von Zeit zu Zeit. Wir nahmen uns an den Handschuhen und versicherten uns gegenseitig, dass der See bis auf die Knochen gefroren war und das Knacken nur ein weiteres Zeichen dafür, dass das Eis sich dehnte. Das taten wir bis zum dritten Knacken, dann flüchteten wir wieder an Land.

Stockholm im Weihnachtsschnee ist heimelig. Überall Lichter, überall unbezahlbares Bier, und im Herzen der Stadt zwei ständige Märkte, angenehmerweise in Häusern untergebracht, in denen man für den Heiligabend so nördliche Sachen wie Elchbraten kaufen kann und auch getrocknetes Rentierfleisch und wundervollen Lachs. Wir haben uns schließlich für den Elchbraten entschieden.

Weihnachten allein zu zweit in einer schönen Stadt – dieses alternative Festprogramm wurde für ein Schweizer Paar zur jahrelangen Gewohnheit:

Weihnachten zu Hause mit der ganzen großen Familie – diese Vorstellung erfüllte mich mit Grausen. *Ich hatte schon meine Erfahrungen hinter mir. Mein Mann war auch gar nicht scharf auf so ein Fest.*
Also beschlossen wir: Wir machen etwas, was um die Zeit sonst fast niemand macht, und fahren nach Paris. Kurz entschlossen buchten wir irgendein Zimmer, schön preiswert jetzt, aber auch nicht nobel. Wir erlebten als verwöhnte, weil fast einzige Gäste des Hauses Privilegien aller Art, wanderten stundenlang glücklich durch das Quartier Latin und fühlten uns extravagant.

Viele Jahre haben wir unsere weihnachtlichen Paris-Reisen gemacht. Die Hotels wechselten nach Kassenlage, und die Anreise gestaltete sich immer ausschweifender. Wir fuhren mit dem Zug und machten Zwischenstopps in Dijon, Lyon und Besançon. So konnten wir eine Übernachtung unterwegs einschalten und brauchten nicht um 7 Uhr von Zürich loszufahren, Morgenmuffel, die wir sind. In Paris reiften wir zu kulinarischen Kennern heran, lernten die Spitzfindigkeiten der Restaurants an den Festtagen kennen, wussten nach einigen Jahren genau, wo man vorzeitig, wenn überhaupt noch, reservieren kann. Denn für Franzosen und die Pariser im Speziellen ist die »Réveillon« – das festliche Weihnachtsessen – das Fressgelage überhaupt. Ab 22 Uhr senkt sich ein Schleier der Ruhe und Stille über die Stadt, und dann ist wirklich Weihnachten.
Wenn wir heimwanderten ins Hotel der letzten Jahre, begleitete uns Glockengeläut. In der geschlossenen Hotelbar wartete wie immer eine Flasche Champagner auf uns. Schließlich gehört das Haus einer Champagner-Dynastie ...
Schade. All das war einmal. »Unser« Hotel öffnet jetzt zu Weihnachten Tür und Tor für die Schickeria Südamerikas und Russlands und ist seitdem rappelvoll. Die Menschen haben das Verreisen zu Weihnachten entdeckt. Wir bleiben jetzt lieber wieder zu Hause.

Jul, Kerstfeest und Nadal

Weihnachtswünsche in anderen Sprachen

Dänisch .... **Glaedelig Jul**
Englisch .... **Merry Christmas**
Finnisch .... **Hauskaa Joulua**
Französisch .... **Joyeux Noël**
Griechisch .... **Kalá Christoúgenna**
Italienisch .... **Buon Natale**
Niederländisch .... **Gelukkig Kerstfeest, Vrolyk Kerstfeest**
Norwegisch .... **God Jul**
Polnisch .... **Wesolych Swiat**
Portugiesisch ..... **Boas Festas**
Russisch .... **Srozhdestwom Kristovym**
Schwedisch .... **God Jul, Glad Jul**
Spanisch .... **Feliz Navidad, Feliz Nadal**
Ungarisch .... **Kellemes Karacsonyt**

Im Heiligen Land

Manche verreisen, um Weihnachten auf Distanz zu halten. Andere wollen auf den historischen Spuren des Festes dahin fahren, wo alles einmal begonnen hat. Ein junges Paar hat es ausprobiert:

Zu jener Zeit begab es sich, dass wir zu Weihnachten Freunde in Israel besucht haben. *Klar, dass wir den Heiligen Abend in Bethlehem feiern oder zumindest schauen wollten, wie es da an diesem Tag zugeht. Die paar Kilometer von Jerusalem nach Bethlehem, das praktisch ein Vorort ist, sind wir mit dem Taxi gefahren.*

Sehr weihnachtlich war es nicht. Die Geburtskirche war geschlossen, drumherum herrschte Volksfeststimmung, mit Kish, Kebab und Tee. Statt Gottesdienst gab es Demonstrationen. Vor der Kirche war eine Bühne aufgebaut mit Lautsprechertürmen. »Wer wird denn sprechen?«, fragten wir die Umstehenden. »Arafat«, sagten sie. Nachdem Arafat nach einer Weile immer noch nicht gekommen war, fuhren wir nach Jerusalem zurück und suchten uns dort eine christliche Kirche. Sie war voll westlich gekleideter Araber. Der Gottesdienst wurde in Arabisch gehalten, und als Friedensgruß schüttelten sich alle die Hand. Wir – die einzigen Nichtaraber – standen ganz hinten im Kirchenschiff. Plötzlich drehte sich die Menge vor uns um und kam auf uns zu. Alle drängten in unsere Richtung. Uns war nicht ganz wohl. Aber die Menge schob sich knapp an uns vorbei, und erst da sahen wir, dass wir direkt neben einer großen Krippe standen.

Gans oder Karpfen?

Fast so wichtig wie die Bescherung ist die Frage: Was essen wir? Weihnachtsesser zerfallen bekanntlich in mehrere Fraktionen, die in ihren Gewohnheiten fundamentalistische Züge tragen. Ich selbst stamme aus einer Heringssalat-Familie und gehöre damit wohl zu einer aussterbenden Minderheit. Geheiratet habe ich einen Puter-Esser, während unsere beiden Töchter in orthodoxe Gans-Tradition geraten sind. Dennoch hatten wir im Verlauf vieler Weihnachtsfeste nur eine bedrohliche Krise. Das war, als mein Mann auf die Idee kam, einen Riesenputer mit – wenn ich mich recht erinnere – Mett und Maronen prall zu füllen. 14 Tage lang haben wir daran gekaut, bis die Puterreste (nach Putersalat, Puter überbacken, Puter in Nudeln versteckt, Puter als orientalisches Reisgericht, Geschnetzeltem vom Puter) restlos vertilgt waren. Zudem roch die Wohnung intensiv nach Puter, überall hatte sich ein leichter Fettfilm niedergelassen, und wir waren alle von einer Puter-Allergie befallen. Das war das Ende dieser weihnachtlichen Tradition, und wir haben danach nicht wieder zu einem festen Brauch zurückgefunden.

Ein Freund dagegen hatte eine Vorliebe für kalte Fisch-Delikatessen und geriet mit diesem Programm in eine Karpfen-Familie. Das große Karpfen-Essen war Gesetz, und die drei erwachsenen Kinder versäumten nie, daran teilzunehmen. Als sie zum ersten Mal von kaltem Lachs angeblickt wurden, der sich statt des heißen Karpfens auf der Weihnachtstafel breit gemacht hatte, verstummten sie, und der Abend verlief einsilbig.

Inzwischen ist an allen weihnachtlichen Knotenpunkten mehr Vielfalt eingekehrt, und selbst die eingefleischten Freunde von Würstchen mit Kartoffelsalat, auf die Gans-Esser bisher herabzuschauen pflegten, werden als weihnachtstaugliche Spezies anerkannt. Ich kenne auch einen sonst ganz unauffälligen Menschen, der einer weihnachtlichen Kalbszungen-Fraktion angehört – das scheint indessen eine ganz kleine Gruppierung zu sein, die im Verborgenen isst.

Das traditionelle, immer gleiche opulente Mahl als Höhepunkt der Festtage hat natürlich etwas für sich. Aber: Ein unkompliziertes, leichtes Menü schont Nerven wie Finanzen – und schmeckt bestimmt genauso gut, bekommt aber besser.

Hier also ein paar ebenso schnelle wie leckere Rezepte aus der BRIGITTE-Küche für Leute, die nicht lange in der Küche stehen können. Ein Salat als Vorspeise, zwei Hauptgerichte zur Auswahl und ein Pudding hinterher. Als Festessen empfohlen, aber nicht so anspruchsvoll, dass man dieses Mahl nicht auch an einem ganz normalen Dienstag servieren könnte.

Das Last-Minute-Menü

Vorspeise:

Caesar's Salad mit Parmesan-Hippen

Für 4 Portionen

Parmesan-Hippen
40 g Parmesan-Käse ohne Rinde,
1 gestrichener TL Maismehl,
1/2 TL Olivenöl für die Pfanne;

Salat
1 großer Römersalat,
3 Sardellenfilets,
1 ganz frisches Eigelb,
3 EL Zitronensaft,
1 EL Apfelsaft,
1 TL Worcestershiresoße,
5 EL Olivenöl,
Salz,
frisch gemahlener Pfeffer,
1 Prise Zucker

1 **Für die Parmesan-Hippen** den Parmesan fein reiben und das Maismehl locker untermischen. Eine beschichtete Pfanne mit Öl ausstreichen und erhitzen.

2 Die Pfanne vom Herd nehmen; jeweils einen Teelöffel Käseraspel hineingeben und als dünnen Fladen (ø 5 cm) verteilen. Kurz auf dem Herd goldbraun schmelzen lassen, dann die Pfanne wieder von der Platte ziehen, den Fladen etwas ruhen lassen, mit einem flachen Pfannenwender aus der Pfanne heben und auf einem Rundholz (z. B. Nudelholz) abkühlen lassen.

3 **Für den Salat** Salat in einzelne Blätter teilen, abspülen und trockenschleudern. Blätter in mundgerechte Stücke schneiden. Sardellenfilets fein hacken. Zusammen mit Eigelb, Zitronen- und Apfelsaft, Worcestershiresoße und Olivenöl verrühren. Mit Salz, Pfeffer und Zucker abschmecken.

4 Salatblätter und Soße mischen. Die Parmesan-Hippen dazu servieren.

1. Hauptgericht:

Möhren-Curry mit Fleisch

Für 4 Portionen

500 g Lammfleisch aus der Keule (oder Schweinefleisch),
1 Dose Kichererbsen (Einwaage 240 g),
2 Beutel küchenfertige Karotten à 250 g (aus dem Kühlregal) oder 700 g Möhren,
40 g Cashewkerne,
1 Stück frischer Ingwer (2 cm),
1 kleine rote Chilischote,
3 EL Öl,
Salz,
frisch gemahlener Pfeffer,
1 Knoblauchzehe,
1 EL brauner Zucker,
2 TL mildes Currypulver,
150 ml Kokosmilch aus der Dose,
1/2 Bund glatte Petersilie

1 Fleisch in dünne Scheiben schneiden. Kichererbsen auf ein Sieb gießen, kalt abspülen und abtropfen lassen. Die Karotten ebenfalls kalt abspülen.

2 Cashewkerne in einer Pfanne ohne Fett rösten. Ingwer schälen. Chilischote halbieren, Kerne entfernen und das Fruchtfleisch fein würfeln (mit Gummihandschuhen arbeiten).

3 Das Fleisch im Wok oder in einer großen Pfanne im heißen Öl scharf anbraten. Mit Salz und Pfeffer würzen, aus der Pfanne nehmen und beiseite stellen.

4 Zerdrückten Ingwer, Chili und Knoblauch, Zucker und Curry im heißen Bratfett kurz andünsten. Karotten dazugeben und unter Rühren fünf bis zehn Minuten bei mittlerer Hitze braten, bis sie fast gar sind. Kichererbsen dazugeben und zwei Minuten unter Rühren weiterbraten.

5 Fleisch, Nüsse und Kokosmilch dazugeben und fünf Minuten bei kleiner Hitze schmoren lassen. Zum Schluss gehackte Petersilie unterrühren.

2. Hauptgericht:

Backofenkartoffeln mit Käse-Dip

Für 6 Portionen

Ofenkartoffeln
Rosmarinzweige,
8 EL Olivenöl,
1,2 kg fest kochende Kartoffeln,
Salz,
1 Aubergine,
3–4 Knoblauchzehen,
4 Schalotten,
600 g rote Paprikaschoten,
350 g Zucchini,
4 EL Balsamessig,
1/2 l Gemüsebrühe,
frisch gemahlener Pfeffer,
1/2 Bund Thymian,
250 g Cocktailtomaten;

Käse-Dip
100 g Feta-Käse,
150 g saure Sahne,
150 g Vollmilchjoghurt,
1/2 Bund Thymian,
Saft von 1/2 Limette,
Salz, Pfeffer

1 **Für die Ofenkartoffeln** Rosmarin abspülen, trockentupfen, grob hacken und mit Olivenöl verrühren. Kartoffeln gründlich unter kaltem Wasser abbürsten, längs halbieren oder vierteln (je nach Größe).

2 Ein Backblech mit zwei Esslöffel Rosmarinöl bestreichen und die Kartoffeln darauf verteilen. Drei Esslöffel Rosmarinöl und etwas Salz über die einzelnen Kartoffelhälften geben. Im vorgeheizten Backofen bei 200 Grad, Umluft 170 Grad, Gas Stufe 3, etwa 30 Minuten garen, zwischendurch einmal wenden.

3 Mit Salz bestreuen und in zwei Esslöffel heißem Rosmarinöl anbraten.

4 Knoblauch und Schalotten abziehen und halbieren. Paprikaschoten putzen, entkernen, vierteln und in Stücke schneiden. Zucchini abspülen, halbieren und in Scheiben schneiden.
In der Zwischenzeit die Aubergine abspülen, trockentupfen und in grobe Stücke schneiden.

5 Alles zu den Kartoffeln auf das Backblech geben. Restliches Öl, Balsamessig, Brühe, Salz und Pfeffer darüber geben. Thymian abspülen, trockentupfen und über das Gemüse verteilen. Im Backofen etwa 25 Minuten garen. Cocktailtomaten waschen, über das Ofengemüse verteilen und noch etwa zehn Minuten weitergaren.

6 **Für den Käse-Dip** Feta mit dem Stabmixer pürieren. Saure Sahne, Joghurt und den fein gehackten Thymian dazugeben und verrühren. Mit Limettensaft, Salz und Pfeffer abschmecken. Dip mit dem Kartoffelgemüse anrichten.

Zum Nachtisch:

Crème caramel

Für 6 Portionen

Karamellspiegel
100 g Zucker,
etwas Butter für die Form;

Crème
1/4 l Milch,
250 g Schlagsahne,
1 Vanilleschote,
2 Eier,
2 Eigelb,
60 g Zucker,
2 Päckchen Vanillezucker

1 **Für den Karamellspiegel** Zucker und 50 Milliliter Wasser in einem Topf unter Rühren erhitzen, bis sich der Zucker vollständig aufgelöst hat und hellbraun ist.

2 Den heißen Karamell in eine leicht gebutterte, ofenfeste Kastenform (ca. 28 cm Länge) gießen. Den Karamell gleichmäßig auf dem Boden verteilen.

3 **Für die Crème** Milch, Sahne und ausgekratztes Vanillemark aufkochen und von der Kochstelle nehmen. Eier, Eigelbe und Zucker mit einem Schneebesen verrühren. Nach und nach die leicht abgekühlte Sahnemilch unterrühren.

4 Die Eier-Vanille-Milch durch ein Sieb in die Form gießen. Die Form in die Fettpfanne des Backofens stellen und so viel kochendes Wasser dazugießen, dass sie zur Hälfte im Wasser steht. Im vorgeheizten Backofen bei 175 Grad, Umluft 150 Grad, Gas Stufe 2 etwa 50 bis 60 Minuten stocken lassen.

5 Abkühlen lassen und, am besten über Nacht, kalt stellen. Die Crème mit einem spitzen Messer vom Rand lösen, mit dem Karamell auf eine flache Platte stürzen und in sechs Portionen teilen.

Mindestens fünf üppige Gänge unterm Tannenbaum – so haben fünf Freunde über Jahre hinweg Weihnachten zusammen gefeiert.
Natürlich wurde das Weihnachtsessen auch zusammen gekocht, wobei sich das Team – drei Frauen, zwei Männer – in Chefköche und Zureicher aufteilte, und während der Arbeit konnte man schon mal den Wein verkosten.
Eine solche Zeremonie braucht einige Planung und Organisation. Zuerst will erörtert werden: Was kochen wir diesmal? Wer ist für die Vorspeisen zuständig, wer für die Suppe, den Fisch, das Fleisch? Die Kosten wurden am Ende geteilt. Was sich vorbereiten ließ, wurde kochfertig mitgebracht, und jeder der fünf hatte für jeden der anderen vier ein kleines Geschenk dabei. Und es gehörte auch dazu, dass einer von ihnen, im Hauptberuf Grafiker, eine feinsinnige Menükarte gestaltete.
War der Tisch festlich gedeckt und alles fertig, zog sich das große Essen bis in den frühen Morgen hin – mit Bescherung, Erzählen und vielfachem Zuprosten: fröhliche Weihnachten!

Und jetzt Musik …

Es war um die Weihnachtszeit 1818, als in Oberndorf bei Salzburg die Orgel ausfiel. *Der Pfarrer bat den Dorfschullehrer Franz Xaver Gruber (1787–1863), der zugleich Organist war, sich ein Lied für die Christmette auszudenken, das die Gemeinde ohne Orgelbegleitung singen konnte. Gruber vertonte das Gedicht »Stille Nacht, heilige Nacht« seines Kollegen Joseph Mohr (1792–1848). Von den beiden Lehrern stammt auch das Lied »Kommet, ihr Hirten«. Sehr viel älter ist der Klassiker »Es ist ein Ros entsprungen«. Dieses Lied, komponiert von Michael Praetorius, erscheint zum ersten Mal 1599 im Speyrer Gesangbuch.*

Klassiker zum Mitsingen

Gehören Sie auch zu den Leuten, die sogar bei den bekanntesten Weihnachtsliedern immer schon nach der ersten Strophe aussteigen, weil sie nicht weiter wissen? Mit diesen drei Texten sind Sie für jede Feier gut ausgestattet:

Stille Nacht

Stille Nacht, heilige Nacht!
Alles schläft, einsam wacht
Nur das traute hochheilige Paar.
Holder Knabe im lockigen Haar,
Schlaf in himmlischer Ruh!
Schlaf in himmlischer Ruh!

Stille Nacht, heilige Nacht,
Hirten erst kund gemacht!
Durch der Engel Halleluja
tönt es laut von fern und nah:
Christ der Retter ist da!
Christ der Retter ist da!

Stille Nacht, heilige Nacht,
Gottes Sohn, o wie lacht
Lieb aus deinem göttlichen Mund,
Da uns schlägt die rettende Stund.
Christ, in deiner Geburt!
Christ in deiner Geburt!

Kommet, ihr Hirten

Kommet, ihr Hirten, ihr Männer und Frau'n!
Kommet, das liebliche Kindlein zu schau'n!
Christus, der Herr, ist heute geboren,
den Gott zum Heiland Euch hat erkoren.
Fürchtet Euch nicht!

Lasset uns sehen in Bethlehems Stall,
was uns verheißen der himmlische Schall!
Was wir dort finden, lasset uns künden,
lasset uns preisen mit frommen Weisen,
Halleluja!

Wahrlich die Engel verkünden heut
Bethlehems Hirtenvolk gar große Freud'.
Nun soll es werden Friede auf Erden,
den Menschen allen ein Wohlgefallen.
Ehre sei Gott!

Es ist ein Ros entsprungen

Es ist ein Ros entsprungen
Aus einer Wurzel zart.
Wie uns die Alten sungen,
Aus Jesse kam die Art.
Und hat ein Blümlein bracht.
Mitten im kalten Winter,
Wohl zu der halben Nacht.

Das Röslein, das ich meine,
Davon Jesaias sagt:
Maria ist's, die Reine,
Die uns das Blümlein bracht.
Aus Gottes ew'gem Rat
Hat sie ein Kind geboren
Wohl zu der halben Nacht.

Das Blümelein so kleine,
Das duftet uns so süß,
Mit seinem hellen Scheine
Vertreibt's die Finsternis.
Wahr Mensch und wahrer Gott,
Hilft uns aus allem Leide,
Rettet vor Sünd und Tod.

O Jesu, bis zum Scheiden
Aus diesem Jammertal
Lass dein Hilf uns geleiten
Hin in den Freudensaal,
In deines Vaters Reich,
Da wir dich ewig loben.
O Gott, uns das verleih.

CD-Tipps für die Weihnachtszeit

Johann Sebastian Bach

Adventskantaten

Monteverdi Choir,
English Baroque Soloists
John Eliot Gardiner
DG 463 588–2

Johann Sebastian Bach

Weihnachtskantaten

Monteverdi Choir,
English Baroque Soloists
John Eliot Gardiner
DG 463 589-2

Johann Sebastian Bach

Weihnachtsoratorium

The Amsterdam Baroque
Orchestre and Choir
Ton Koopman
WSM 063 014 635–2

Michael Praetorius

Christmette

Gabrieli Consort & Players/Paul McCreesh
DG 4 399 312

Corelli, Manfredini, Torelli, Vivaldi

Weihnachtskonzerte

Il Giardino Armonico
Teldec Classics 229 246 013–2

Giovanni Gabrieli, De Rore

Eine venezianische Weihnacht

Gabrieli Consort & Players
Paul McCreesh
DG 471 333–2

Weihnachtslieder

Herman van Veen
Polydor 833 800–2

Dezember

Zwischen Mittelalter-Volksmusik und Klassik
Trio Fraunhofer
Lieder von Carl Orff und Karl Schöner, Krippenmusik, Glockenmusik, Weihnachtslieder aus Flandern, Finnland, Österreich, Irland und Bayern
www.fraunhofersaitenmusik.de

Der Weihnachtskrug

Bekannte deutsche Weihnachtslieder in Jazz oder Bossa Nova (Texte liegen bei)
Manfred Krug und das Deutsche Filmorchester Babelsberg und »The Matterhorns«
Bestellnummer 505046620492
www.t-music.de

Vom Himmel hoch, da komm ich her

Swing, Foxtrott, Bossa Nova u. a.
Max Raabe und das Palast–Orchester
www.palastorchester.de

Skandinavische Weihnachtslieder

Anne Sofie von Otter, Sopran
DG 459 685–2

Mysterium-Sacred Anas

Angela Gheorghiu, Sopran
DG 466 102–2

Christmas In Swing

Andrej Hermlin und sein Swing Dance Orchestra
Amerikanische Weihnachts- und Winter-Traditionals
www.swingdanceorchestra.de

Weihnachtsmusik aus dem mittelalterlichen Ungarn

Anonymus 4
Harmonia Mundi France 3 957 139

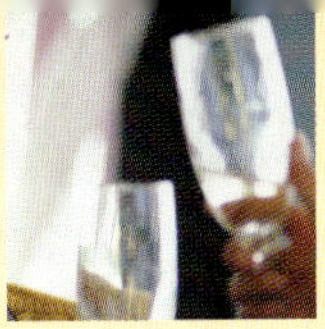
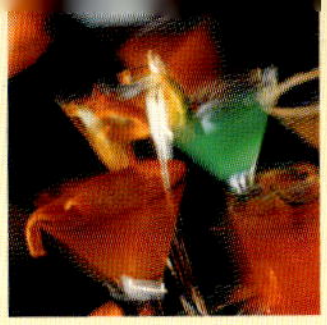

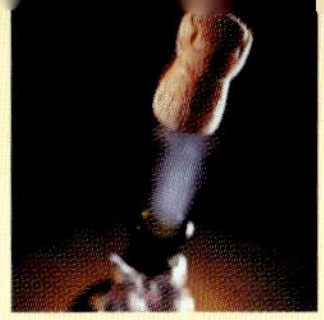

Und dann ...

ist das Fest vorbei, ziemlich abrupt nach der langen Vorbereitung. Lichter aus, Gesang einstellen, Stimmung auf Normalnull. Das ist genau, was wir jetzt brauchen. Denn nach drei Tagen Feiern – das scheint ein Bioprogramm zu sein – ist unsere Euphorie ohnehin verbraucht. Die Kondition lässt nach, der Hosenbund kneift, und Kerzenlicht fängt an, auf die Nerven zu gehen.
Die paar ruhigen, nüchternen, ganz normalen Werktage »zwischen den Jahren« sind eine Art Loch im Kalender. Die merkwürdige Bezeichnung ist vermutlich dadurch entstanden, dass das neue Jahr früher einmal am 25. Dezember begann. Erst im Mittelalter wurde Neujahr auf den ersten Januar verlegt – und plötzlich waren zwischen dem alten Jahr und dem Jahresanfang ein paar Tage übrig. Zeitliches Niemandsland. Geben wir es zu: eine Wohltat. Denn – hier greift das alte Luther-Goethe-Zitat: »Nichts ist schwerer zu ertragen als eine Reihe von guten Tagen.« Aber das haben wir bis zum nächsten Mal schnell wieder vergessen. Weihnachten ist vorbei. Es lebe Weihnachten! Und

Prost Neujahr!

Register

Lieder und Gedichte

Rezepte

Basteln

Menschen und Orte

Sonstiges

Impressum

Umwelthinweis

Dieses Buch und der Einband wurden auf chlorfrei gebleichtem Papier gedruckt. Die Einschrumpffolie (zum Schutz vor Verschmutzung) ist aus umweltfreundlicher und recyclingfähiger PE-Folie.

2. Auflage

Brigitte-Bücher im Verlag Mosaik bei Goldmann

in der Verlagsgruppe Random House GmbH
in Zusammenarbeit mit Gruner + Jahr AG & Co. KG,
Am Baumwall 11, 20459 Hamburg
Herausgeberin: Anne Volk
Koordination: Christine Tsolodimos, Sybille Schlumpp
Redaktion: Christine Tsolodimos, Karin Schanzenbach
Art-Direction und Layout: Thomas Dreher, München
Umschlaggestaltung: Heinz Kraxenberger, München
Umschlagfotos: U1 Picture Press/Deimling-Ostrinsky;
U4 Archiv Kraxenberger
Reproduktion: Lorenz & Zeller, Inning am Ammersee
Druck und Bindung: MOHN Media GmbH, Gütersloh
Printed in Germany
ISBN 3-442-39058-3
www.goldmann-verlag.de

Bildnachweis

Die Zahlen in Klammern bezeichnen die Position der Abbildungen von links nach rechts und von oben nach unten:

Archiv für Kunst und Geschichte, Berlin: 30, 113(1, 3), 117 • H.Banderob: 37(4, 6, 7), 44, 45, 48, 49, 82, 83 • U. Bangert, Hamburg: 25(4), (7), 32, 33, 157(6) • J. Caspersen: 35, 124, 125(7) • A. Deimling: 4, 11(3), 23 (Produktion: H. Perdikas), 91(2), 98, 102, 103 (Produktion: F. Koops) • Dorkenwald/Dreher, München: 68, 69 • K. Eulenburg: 11(4), 18, 19, 90, 91(5), 125(1, 3, 6), 126, 127, 132, 133, 135, 145, 149 • Flora-Press, Hamburg: 59 • A. Ginsburg: 6 u., 11(5), 16, 17 • H. Heye: 91(6), 111 • D. Kessler: 147 • Look/Greune: 112, 113(6), 142 • M. Madsen: 99 • C. March: 92, 93 • Mauritius/Beck: 113(4), 118 • M. Mogensen: 2, 55 (7), 72, 73 • O. Möller: 37(5), 46, 47 • Th. Neckermann: 36, 37(1, 2, 3), 39, 40, 42, 43, 62, 63, 125(2), 144, 146, 151 • R. Nüttgens: 3, 7 l. 11(2), 14, 15, 55(3), 57, 88, 89, 100 • H. Orth: 24, 51, 53 • W. Schardt: 5, 10, 11(6), 91(1, 3), 106, 107 • O. Szczepaniak: 54, 55(4, 5, 6), 60, 61, 67, 71 • S. Thurmann: 121 • K. Willenbrock: 148 • G. Zimmermann 11(1), 12, 13, 55(1), 78, 125(4), 128, 129 • Alle weiteren Fotos: MEV, Photodisc